もくじ

音楽　1～3年

自分の予定を書こう。

JN096432

音符と休符，演奏・反復のしかたに関する記号

満点ミッション

◇全休符(きゅうふ)
意味：全音符(おんぷ)の長さと同じだけ休む
1小節休む場合にも用いられる。

◇付点音符
もとの音符の長さと，もとの音符の半分の長さを合わせた音符。
付点のついた休符も，長さについては同じように考える。

❶ 3連符
音符（付点音符を除く）を3等分した音符。

3連符全体での長さは，間違えやすいので注意しよう。

◇アクセント
←のような形のものもある。

*D.S.*と*D.C.*は間違えやすいけど，*D.S.*は「ダル セーニョ」だから「セーニョに戻(もど)る」なんだ，と覚えようね。

テストに出る！ ココが要点

1 音符と休符

音符	長さの割合	休符
全音符	4	全休符
2分音符	2	2分休符
4分音符	1	4分休符
8分音符	$\frac{1}{2}$	8分休符
16分音符	$\frac{1}{4}$	16分休符

●付点音符　付点4分音符 ＝ 4分音符 ＋ 8分音符　　付点2分音符 ＝ 2分音符 ＋ 4分音符

●（❶　　　　）　3連符(8分音符×3) ＝ 4分音符　　3連符(4分音符×3) ＝ 2分音符

2 演奏のしかたに関する記号

記号	読み方	意味
	スタッカート	音を短く切って
	テヌート	音の長さをじゅうぶんに保って
	アクセント	音を目立たせて，強調して
	フェルマータ	音符（休符）をほどよく延ばす
	タイ	隣(とな)り合った同じ高さの音符をつなぐ
	スラー	高さの違(ちが)う2つ以上の音符を滑(なめ)らかに

3 反復のしかたに関する記号

𝄆　𝄇（リピート）　1.　2.（1番かっこ，2番かっこ）

D.C.（ダ カーポ）…始めに戻る

D.S.（ダル セーニョ）…𝄋（セーニョ）に戻る

𝄌…𝄌から𝄌へとぶ　**Coda**…結び　***Fine***…終わり

満点ミッションの❶は，ココが要点の❶の答えになります。

予想問題 音符と休符，演奏・反復のしかたに関する記号

20分

/100点

1 次の問いに答えなさい。

5点×11〔55点〕

(1) 次の音符と同じ長さの休符の名前を答えなさい。

① （　　　　） ② （　　　　）

(2) 次の休符と同じ長さの音符の名前を答えなさい。

① （　　　　） ② （　　　　）

(3) 次の音符を，１つの音符で表しなさい。

① ＋ ＝ （　　　） ② ＋ ＝ （　　　）

③ ＋ ＝ （　　　） ④ ＋ ＝ （　　　）

(4) 次の休符を，１つの休符で表しなさい。

① ＋ ＝ （　　　） ② ＋ ＝ （　　　）

(5) 次の楽譜（がくふ）のAには３連符が入ります。適切な３連符をア，イから選びなさい。 （　　）

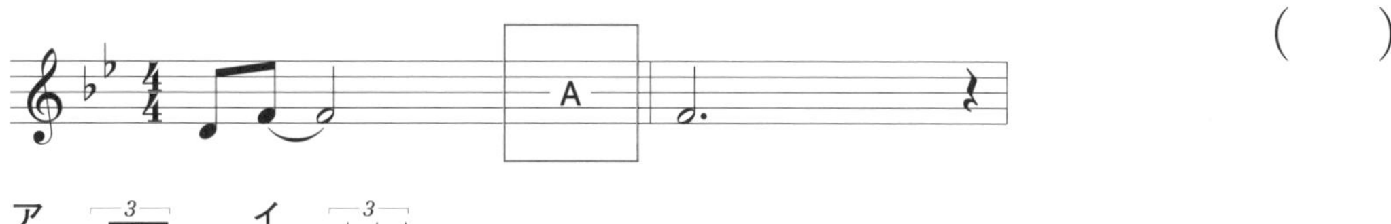

ア　イ

2 次の記号の読み方を答えなさい。

5点×5〔25点〕

(1) （　　　　） (2) （　　　　） (3) （　　　　） (4) （　　　　） (5) （　　　　）

3 よく出る 次の楽譜を演奏すると，全部で何小節になるか答えなさい。

5点×4〔20点〕

(1)

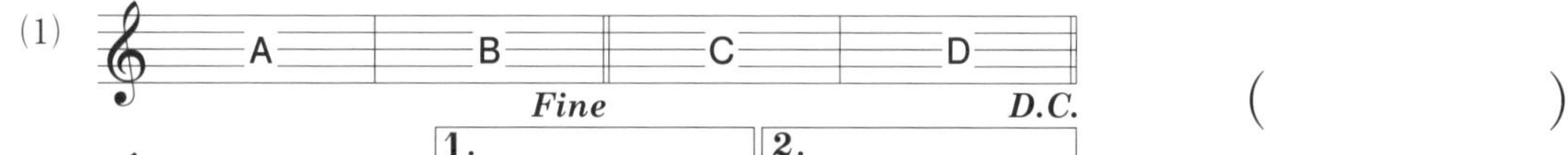

（　　　　）

(2)

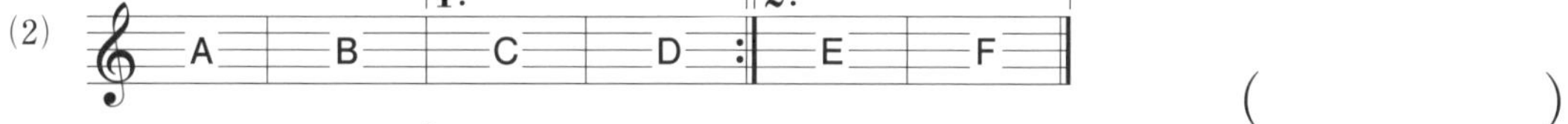

（　　　　）

(3)

（　　　　）

(4)

（　　　　）

@ポイント攻略! 音符や休符の長さ，反復記号のルールを確認しよう。➡ 1 3

音高・強弱・速度の記号

満点ミッション

◇ *p*
ピアノと読む。「弱く」という意味の強弱記号。

p（ピアノ）や *f*（フォルテ）に *m*（メッゾ）がつくと「少し」，*pp*, *ff* と２つつなげると「とても」という意味になるね。

❶ *cresc.*
*crescendo*の略。
❷ *decresc.*
*decrescendo*の略。

*cresc.*に*de*がついて，反対の意味になるんだね。

❸ *dim.*
*diminuendo*の略。
❹ *rit.*
*ritardando*の略。
❺ *accel.*
*accelerando*の略。

テストに出る！ ココが要点

1 音高の変化に関する記号

記号	読み方	意味
♯	シャープ（嬰（えい））	半音上げる
♮	ナチュラル	もとの高さで
♭	フラット（変（へん））	半音下げる

- **調号**　曲の終わりか，調号が変わるまで有効。
- **臨時記号**　その小節の範囲（はんい）で有効。

2 強弱やその変化に関する記号

弱い ←→ 強い

pp	*p*	*mp*	*mf*	*f*	*ff*
ピアニッシモ	ピアノ	メッゾ ピアノ	メッゾ フォルテ	フォルテ	フォルティッシモ
とても弱く	弱く	少し弱く	少し強く	強く	とても強く

記号	読み方	意味
＜（❶　　）	クレシェンド	だんだん強く
＞（❷　　）	デクレシェンド	だんだん弱く
（❸　　）	ディミヌエンド	だんだん弱く

3 速度やその変化に関する記号

遅（おそ）い ←→ 速い

Andante	Moderato	Allegretto	Allegro
アンダンテ	モデラート	アレグレット	アレグロ
ゆっくり歩くような速さで	中ぐらいの速さで	やや速く	速く

♩＝60…１分間に♩を60打つ速さで

記号	読み方	意味
（❹　　）	リタルダンド	だんだん遅く
（❺　　）	アッチェレランド	だんだん速く
a tempo	ア　テンポ	もとの速さで

満点ミッションの❶,❷…は，ココが要点の❶,❷…の答えになります。

予想問題　音高・強弱・速度の記号

20分

/100点

1 次の記号の意味をア～ウから選びなさい。　5点×3〔15点〕

(1) ♮　(　　)
(2) ♯　(　　)
(3) ♭　(　　)

ア　半音上げる　　イ　半音下げる　　ウ　もとの高さで

2 よく出る　次の問いに答えなさい。　6点×8〔48点〕

(1) 弱い方を答えなさい。

① ***mp***　***p***　(　　　)
② ***mp***　***pp***　(　　　)
③ ***f***　***ff***　(　　　)
④ ***f***　***mf***　(　　　)

(2) 読み方を答えなさい。

① ***mp***　(　　　)
② ***ff***　(　　　)

(3) 意味を答えなさい。

① ***pp***　(　　　)
② ***mf***　(　　　)

3 次の(1), (2)について，同じ読みと意味をもつ記号をかきなさい。　6点×2〔12点〕

(1) ***decresc.***(***decrescendo***)　(　　　)
(2) ***cresc.***(***crescendo***)　(　　　)

4 次の問いに答えなさい。　5点×5〔25点〕

(1) 次のうち，速い方を答えなさい。

① **Allegro**　**Allegretto**　(　　　)
② **Andante**　**Moderato**　(　　　)

(2) ♩＝**90**で打つ4分音符(おんぷ)と，時計の秒針とでは，どちらが速いですか。(　　　)

(3) 次の楽譜(がくふ)では，Aの部分でだんだん遅くなり，Bの部分でもとの速さに戻(もど)ります。A，Bにあてはまる記号を答えなさい。

f　A　B

A (　　　)　B (　　　)

ポイント攻略！　さまざまな記号の読み方や意味を確認しよう。➡ 1 2

解答 p.2

1 We'll Find The Way ～ はるかな道へ

満点ミッション

◇4分の4拍子（ひょうし）
1小節の中に4分音符が4つ入る拍子。

◇ハ長調
調号が付かない長調。

◇斉唱（せいしょう）
ユニゾンともいう。2人以上で同じ旋律（せんりつ）を一斉に歌うこと。

◇二部合唱
2つの声部(パート)に分かれた合唱。

❶2分休符（きゅうふ）
意味：2分音符の長さと同じだけ休む

❷タイ
意味：隣（とな）り合った同じ高さの音符をつなぐ

❸メッゾ ピアノ
意味：少し弱く

❹メッゾ フォルテ
意味：少し強く

❺クレシェンド
意味：だんだん強く

❻フォルテ
意味：強く

コードネーム

和音の呼び方の一種。

例

テストに出る！ ココが要点

1 基本データ

(1) 作詞・作曲は杉本竜一（すぎもとりゅういち）。

(2) ♩＝112～120，4分の4拍子，ハ長調。

(3) 前半は斉唱，後半は二部合唱。

2 歌詞を覚えよう

一　今わたしたちは　はるかな道を
　　未来にむかって　歩みはじめた
　　それぞれの夢を　胸にいだいて
　　まだ見ぬ場所に　想（おも）いをはせる

※　Wo,oh,oh,oh　ぼくたちの時代は
　　Wo,oh,oh,oh　まだまだ遠いけど
　　We'll find the way　めぐり来る季節は
　　Wo,oh,oh,oh　駆（か）けぬけるだろう

二　今わたしたちは　風の中にいて
　　自由な空へと　翔（と）ぼうとしている
　　それぞれの願い　星にたくして
　　未来を見つめ　夜明けを越（こ）える

※くり返し

3 曲中のいろいろな休符や記号

休符・記号	（2分休符の図）	（タイの図）
名前・読み方	(❶　　)	(❷　　)
記号	*mp*	*mf*
読み方	(❸　　)	(❹　　)
記号	（クレシェンドの図）	*f*
読み方	(❺　　)	(❻　　)

● A｜B｜1. C｜D :‖ 2. E｜F ‖

上の楽譜（がくふ）を演奏する順序は，A→B→C→D→A→B→E→F。

満点ミッション の❶,❷…は，ココが要点 の❶,❷…の答えになります。

解答 p.2

予想問題 1 We'll Find The Way ～ はるかな道へ

🕒20分

/100点

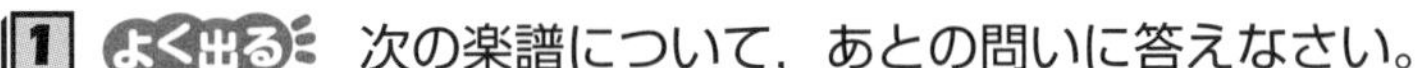

1 よく出る 次の楽譜について，あとの問いに答えなさい。　8点×5〔40点〕

(1) Aにあてはまる速度記号を，ア～ウから選びなさい。（　　）

ア ♩＝60　イ ♩＝112～120　ウ ♪＝60

(2) 何分の何拍子ですか。（　　）

(3) Bの休符の名前を答えなさい。（　　）

(4) Cの記号の意味を答えなさい。（　　）

(5) aにあてはまる歌詞を書きなさい。（　　）

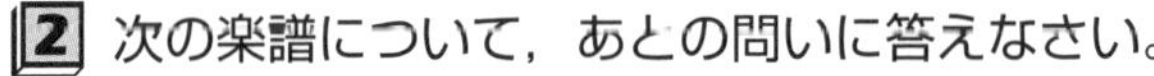

2 次の楽譜について，あとの問いに答えなさい。　8点×6〔48点〕

(1) Aの休符の名前を答えなさい。（　　）

(2) Bの記号の読み方を答えなさい。（　　）

(3) Cの記号の読み方と意味を答えなさい。

読み方（　　）　意味（　　）

(4) △で囲んだ記号のことを何というか答えなさい。（　　）

(5) aにあてはまる歌詞を書きなさい。（　　）

3 次の楽譜について，あとの問いに答えなさい。　6点×2〔12点〕

(1) Aの音符は4分音符いくつ分の長さか，ア～エから選びなさい。（　　）

ア 1つ　イ 2つ　ウ 3つ　エ 4つ

(2) 次の楽譜を演奏すると，全部で何小節になるか答えなさい。（　　）

@ポイント攻略! 歌詞や，音符・休符・記号の意味を確認しよう。➡ 1 2

解答 p.2

2 青空へのぼろう

満点ミッション

◇4分の4拍子
1小節の中に4分音符が4つ入る拍子。

◇ハ長調
調号が付かない長調。

❶2分休符
意味：2分音符の長さと同じだけ休む

❷テヌート
意味：音の長さをじゅうぶんに保って

❸スタッカート
意味：音を短く切って

テヌートやスタッカートを意識して，メリハリをつけて歌おう。

❹タイ
意味：隣り合った同じ高さの音符をつなぐ

❺メッゾ フォルテ
意味：少し強く

❻シャープ
意味：半音上げる

テストに出る！ ココが要点

1 基本データ

(1) 作詞は中野郁子，作曲は平吉毅州。

(2) 4分の4拍子，ハ長調。

(3) 二部形式。

2 歌詞を覚えよう

一　みんなで行こう　どこまでも行こう　青空へ続く　この道
みんなで行こう　どこまでも行こう　青空へ　のぼろうよ
誰かが呼んでいる　どこかで呼んでいる
はるか遠い　空の向こうから
みんなで行こう　どこまでも行こう　青空へ　のぼろうよ

二　みんなで歌おう　声合わせ歌おう　青空で歌う　この歌
みんなで歌おう　声合わせ歌おう　青空で　歌おうよ
どこまでも響けよ　夢のせて響けよ
はるか遠い　空の向こうまで
みんなで歌おう　声合わせ歌おう　青空で　歌おうよ

3 曲中のいろいろな休符や記号

休符・記号	(2分休符の図)	(テヌートの図)
名前・読み方	(❶　　)	(❷　　)
記号	(スタッカートの図)	(タイの図)
読み方	(❸　　)	(❹　　)
記号	*mf*	♯
読み方	(❺　　)	(❻　　)

4 二部形式

●2の1番の旋律は，このような関連性を持っている。

1行目	aとする	続く感じ
2行目	aと似た旋律(a')	終わる感じ
3・4行目	aと異なる旋律(b)	続く感じ
5行目	aと似た旋律(a')	終わる感じ

記号で表すとa－a'　b－a'で，これを二部形式という。

満点ミッションの❶,❷…は，ココが要点の❶,❷…の答えになります。

テストに出る!

予想問題 2 青空へのぼろう

⏱20分 /100点

1 よく出る 次の楽譜(がくふ)について，あとの問いに答えなさい。 7点×8〔56点〕

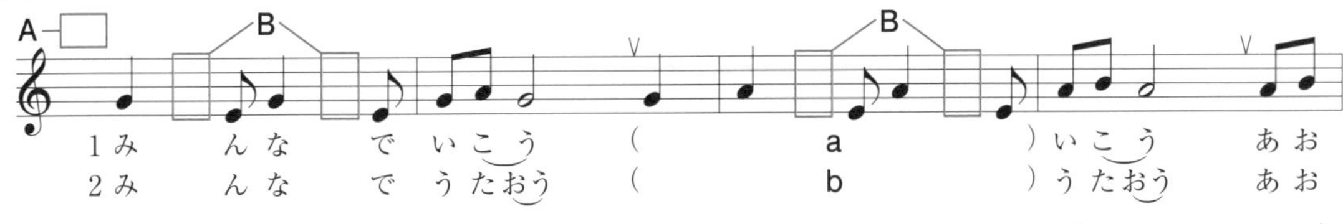

(1) 何分の何拍子ですか。 (　　　)

(2) 調を答えなさい。 (　　　)

(3) 作詞者と作曲者をア～エから選びなさい。 作詞者(　　) 作曲者(　　)

ア 山上路夫(やまがみみちお)　イ 平吉毅州　ウ 三木露風(みきろふう)　エ 中野郁子

(4) Aに入る，「少し強く」という意味の記号をかきなさい。 (　　　)

(5) Bには，同じ休符が入ります。この休符をかきなさい。 (　　　)

(6) a，bにあてはまる歌詞を書きなさい。

a (　　　　　) b (　　　　　)

2 次の楽譜について，あとの問いに答えなさい。 6点×5〔30点〕

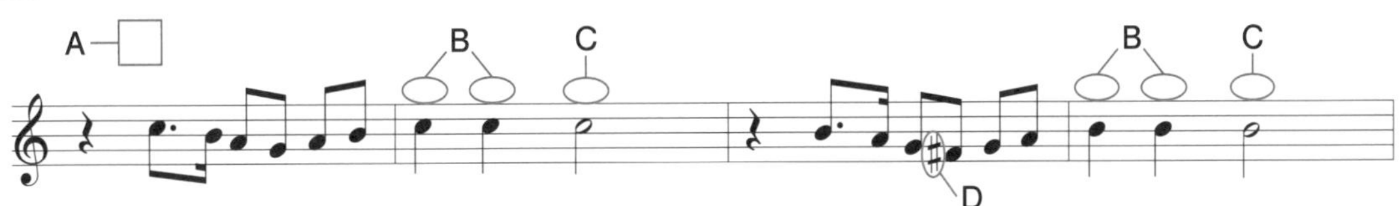

(1) Aに入る，「強く」という意味の記号をかきなさい。 (　　　)

(2) B，Cに入るのは，スタッカートとテヌートのどちらですか。

B (　　　) C (　　　)

(3) Dの記号の読み方と意味を答えなさい。

読み方(　　　) 意味(　　　)

3 次の楽譜について，あとの問いに答えなさい。 7点×2〔14点〕

(1) Aの記号の読み方を答えなさい。 (　　　)

(2) Bにあてはまる休符をア～ウから選びなさい。 (　　)

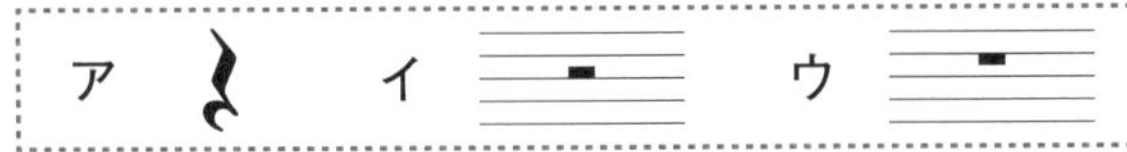

@ポイント攻略! スタッカートやテヌート，強弱記号がどのようになっているか確認しよう。➡ 1 2

解答 p.2

3 主人は冷たい土の中に（静かに眠れ）

満点ミッション

◇S.C.フォスター
アメリカ生まれの作曲家。「おおスザンナ」「ケンタッキーの我が家」なども作曲した。

❶Andante
アンダンテと読む。
意味：ゆっくり歩くような速さで

◇4分の4拍子
1小節の中に4分音符が4つ入る拍子。

◇ハ長調
調号が付かない長調。

❷メッゾ ピアノ
意味：少し弱く

❸フェルマータ
意味：音符（休符）をほどよく延ばす

テストに出る！ ココが要点

1 基本データ

(1) 作曲はS.C.フォスター。
(2) 速度記号は（❶　　　　），4分の4拍子，ハ長調。
(3) 二部形式。

2 歌詞を覚えよう

一　青く晴れた空　白い雲
　　そよ風優しく　昔を語る
　　思い出す　あの笑顔
　　眠れよ静かに　静かに眠れ
二　呼んでも帰らぬ　遠い日よ
　　春 夏 秋 冬　月日は巡る
　　思い出す　あの笑顔
　　眠れよ静かに　静かに眠れ

3 曲中のいろいろな記号

記号	*mp*	𝄐
読み方	（❷　　　　）	（❸　　　　）

4 二部形式

●2の1番の旋律は，このような関連性を持っている。

1行目	aとする	続く感じ
2行目	aと似た旋律(a')	終わる感じ
3行目	aと異なる旋律(b)	続く感じ
4行目	aと似た旋律(a')	終わる感じ

記号で表すとa－a'　b－a'で，これを二部形式という。

5 アルト リコーダー

●右のAの運指では下の楽譜のイ，
右のBの運指では下の楽譜のアの音が出る。

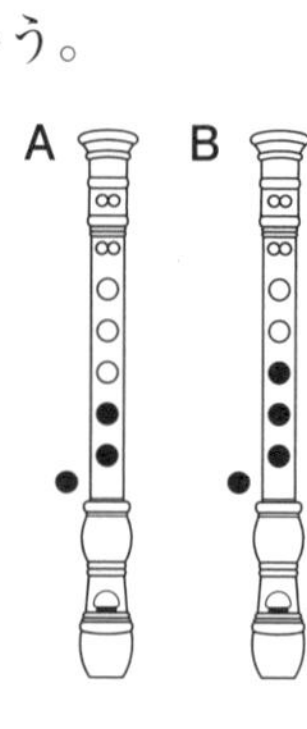

満点ミッションの❶,❷…は，ココが要点の❶,❷…の答えになります。

解答 p.2

予想問題 3 主人は冷たい土の中に（静かに眠れ）

20分

/100点

1 よく出る 次の楽譜について，あとの問いに答えなさい。 7点×6〔42点〕

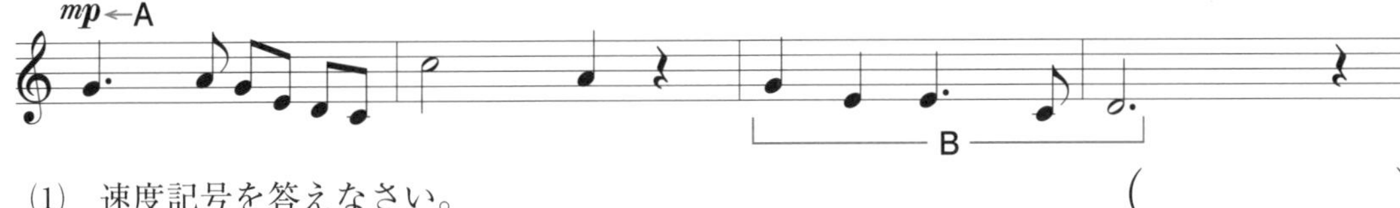

(1) 速度記号を答えなさい。（　　）

(2) 何分の何拍子ですか。（　　）

(3) Aの記号の意味を答えなさい。（　　）

(4) この曲の調を答え，その調の音階として正しいものを，ア，イから選びなさい。

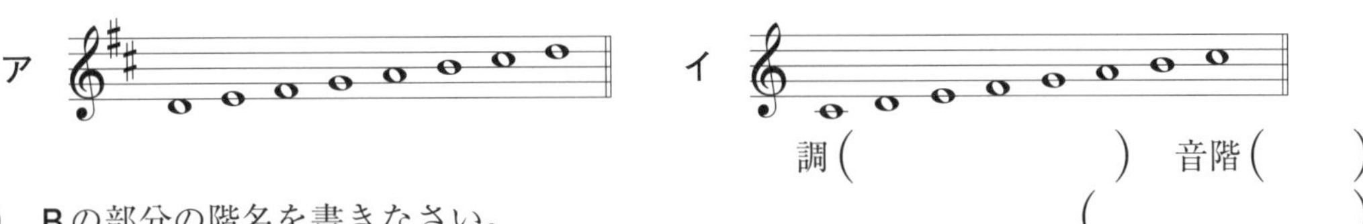

調（　　）　音階（　　）

(5) Bの部分の階名を書きなさい。（　　）

2 次の楽譜について，あとの問いに答えなさい。 7点×4〔28点〕

(1) Aの記号の読み方と意味の組み合わせで正しいものを，ア～ウから選びなさい。（　　）

ア　ピアノ・弱く　イ　メッゾ フォルテ・少し強く　ウ　ピアノ・少し強く

(2) aにあてはまる歌詞を書きなさい。（　　）

(3) このフレーズは，「終わる感じ」と「続く感じ」のどちらですか。（　　）

(4) Bの音符の名前を答えなさい。（　　）

3 次の楽譜について，あとの問いに答えなさい。 6点×5〔30点〕

(1) A，Bの音をアルト リコーダーで吹(ふ)くときに閉じる穴を塗(ぬ)りなさい。

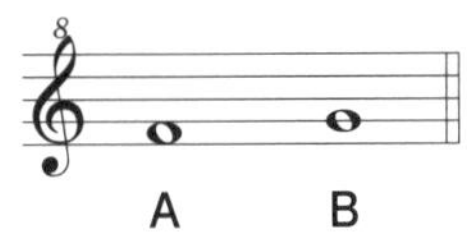

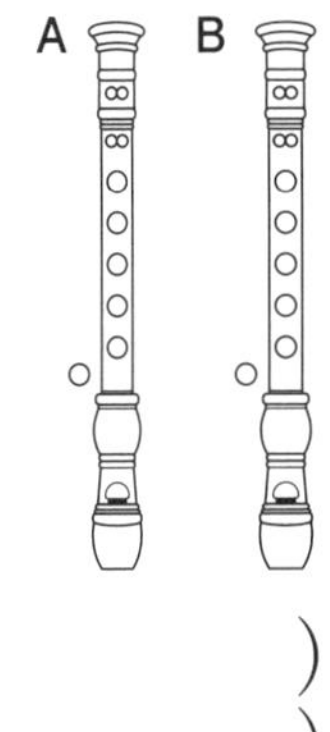

(2) Cの記号の読み方を答えなさい。（　　）

(3) このフレーズは，「終わる感じ」と「続く感じ」のどちらですか。（　　）

(4) Dの休符と同じ長さの音符をかきなさい。（　　）

ポイント攻略！ 曲の形式やフェルマータの使われている場所を確認しよう。➡ 2 3

4 アニー・ローリー

満点ミッション

❶Moderato
モデラートと読む。
意味：中ぐらいの速さで

スコットランドの民謡だよ。

◇4分の4拍子
1小節の中に4分音符が4つ入る拍子。

◇ハ長調・イ短調
調号が付かない長調と短調。

どこから調が変わるのか，確認しよう。

テストに出る！ ココが要点

1 基本データ

(1) 作曲はスコット夫人。

(2) 速度記号は（❶　　　　　　），4分の4拍子。

2 歌詞を覚えよう

一　なつかし川辺に　露はあれど
いとしのアニー・ローリー　いまやいずこ
君にあいし　時はゆけど
いとしのアニー・ローリー　夢忘れじ

二　雪のひたいよ　やさしうなじ
輝くひとみは　清く澄みし
くらぶもなき　うるわしさよ
いとしのアニー・ローリー　夢忘れじ

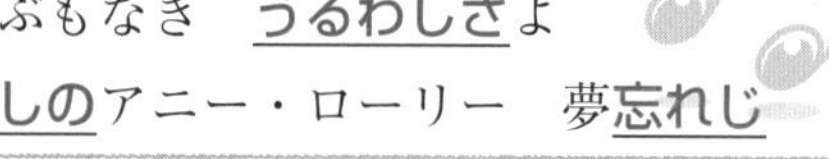

3 曲中のいろいろな音符

4 調

●ハ長調の音階

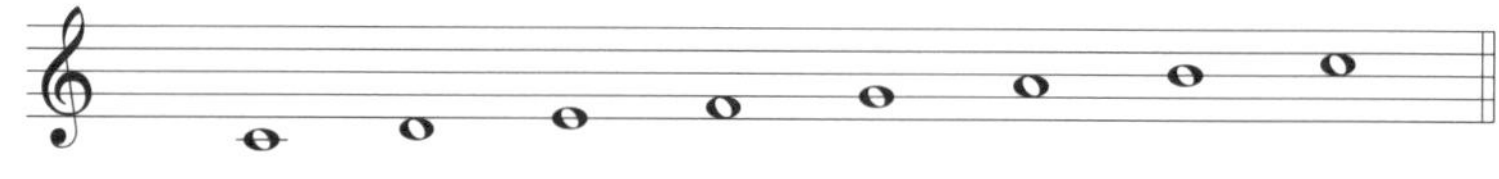

階名（　ド　レ　ミ　ファ　ソ　ラ　シ　ド　）

●イ短調の音階

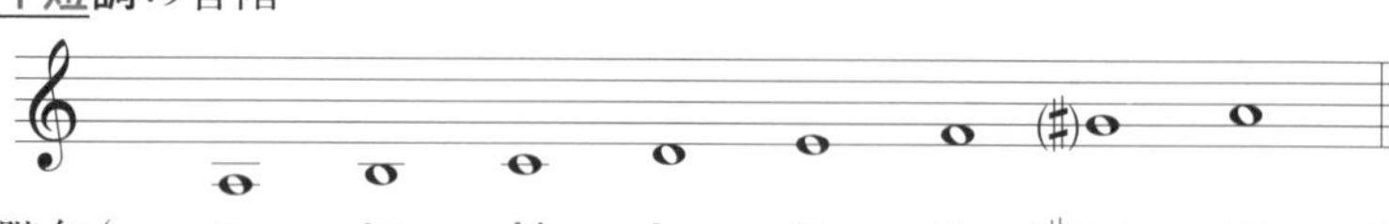

階名（　ラ　シ　ド　レ　ミ　ファ　(♯)ソ　ラ　）

5 アルト リコーダー

●右のAの運指では下の楽譜のア，
右のBの運指では下の楽譜のイの音が出る。

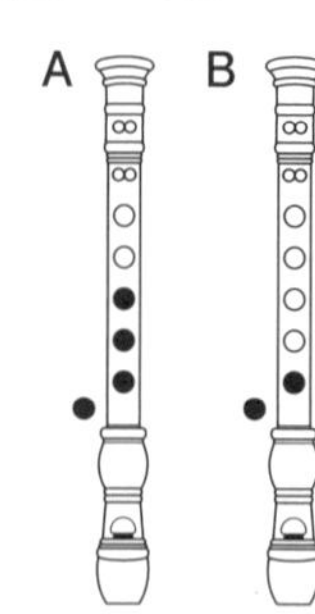

解答 p.3

予想問題 4 アニー・ローリー

20分

/100点

1 次の楽譜について，あとの問いに答えなさい。

5点×8〔40点〕

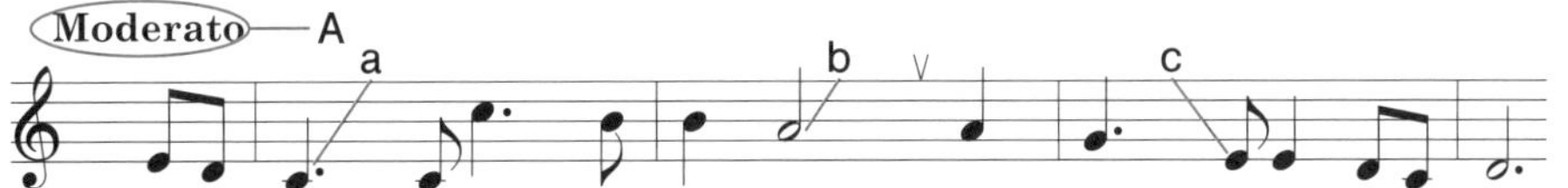

(1) 作曲者をア～エから選びなさい。 (　　)

ア ロジャーズ　イ シャーマン兄弟　ウ スコット夫人　エ ダグラス

(2) 何分の何拍子ですか。 (　　　　)

(3) この部分の調を答えなさい。 (　　　　)

(4) Aの記号の読み方と意味を答えなさい。

読み方 (　　　　)　意味 (　　　　)

(5) a～cの階名を答えなさい。 a (　　) b (　　) c (　　)

2 よく出る 次の楽譜について，あとの問いに答えなさい。

6点×6〔36点〕

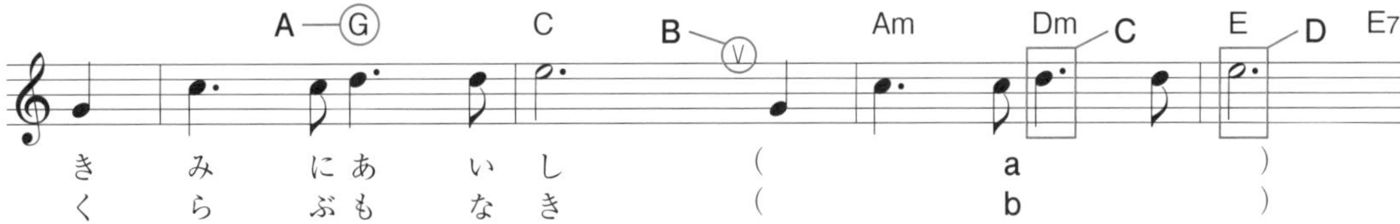

(1) Aのような記号のことを何といいますか。 (　　　　)

(2) Bは何をする記号ですか。 (　　　　)

(3) C，Dは，♩の長さを1とするとどれだけの長さになりますか。

C (　　　　)　D (　　　　)

(4) a，bにあてはまる歌詞を書きなさい。

a (　　　　　　)　b (　　　　　　)

3 次のA～Dの音をアルト リコーダーで吹(ふ)くときに閉じる穴を塗(ぬ)りなさい。

6点×4〔24点〕

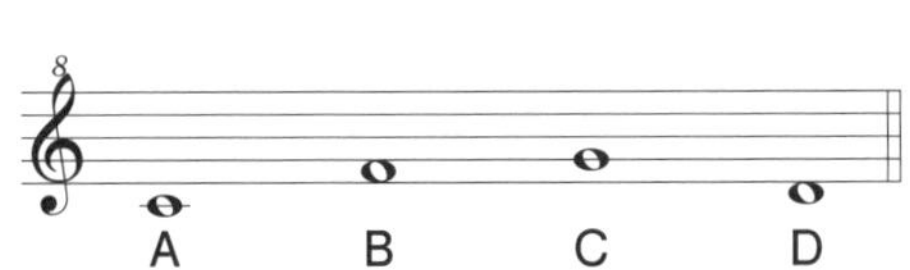

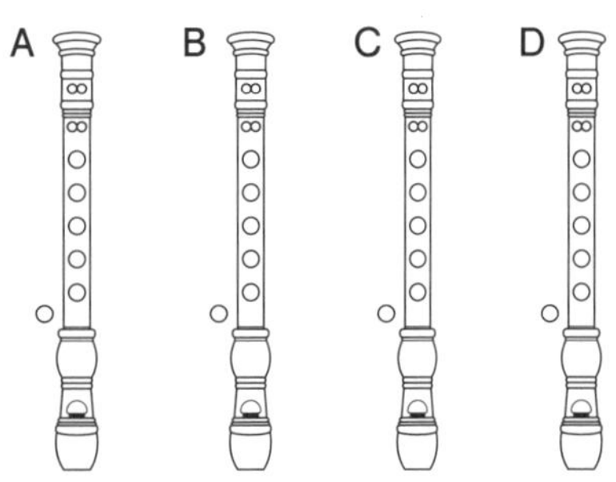

@ポイント攻略! 調の変化や音符の長さを確認しよう。→ 2

解答 p.3

5 Edelweiss(エーデルワイス)

満点ミッション

◇Moderato
モデラートと読む。
意味：中ぐらいの速さで

◇4分の3拍子
1小節の中に4分音符が3つ入る拍子。

◇ハ長調
調号が付かない長調。

英語で歌ってみよう！

❶メッゾ ピアノ
意味：少し弱く

❷メッゾ フォルテ
意味：少し強く

❸クレシェンド
意味：だんだん強く

「サウンド オブ ミュージック」では，他にもいろいろな有名な歌が歌われているよ。

テストに出る！ ココが要点

1 基本データ

(1) 作詞はO.ハマースタイン2世，作曲はR.ロジャーズ。

(2) 速度記号はModerato。

(3) 4分の3拍子，ハ長調。

(4) 二部形式。

2 歌詞を覚えよう

エーデルワイス　エーデルワイス　かわいい花よ
白い露に　ぬれて咲く花
高く青く光る　あの空より
エーデルワイス　エーデルワイス　明るくにおえ
Edelweiss, Edelweiss, Ev'ry morning you greet me.
Small and white, Clean and bright, You look happy to meet me.
Blossom of snow, may you bloom and grow, Bloom and grow forever.
Edelweiss, Edelweiss, Bless my homeland forever.

3 曲中のいろいろな記号

記号	*mp*	*mf*
読み方	(❶　　)	(❷　　)
記号	＜ (クレシェンド記号)	*cresc.* (*crescendo*)
読み方	(❸　　)	

4 曲について

●ミュージカル「サウンド オブ ミュージック」の中の1曲。

●愛する祖国への思いを歌っている。

●エーデルワイスとは，**アルプス地方**で見られる高山植物。

5 二部形式

●2の旋律は，このような関連性を持っている。

1行目	aとする	続く感じ
2行目	aと似た旋律(a')	終わる感じ
3行目	aと異なる旋律(b)	続く感じ
4行目	aと似た旋律(a')	終わる感じ

記号で表すとa－a'　b－a'で，これを二部形式という。

満点ミッションの❶,❷...は，ココが要点の❶,❷...の答えになります。

解答 p.3

予想問題 5 Edelweiss（エーデルワイス）

20分 /100点

1 次の楽譜について，あとの問いに答えなさい。 5点×7〔35点〕

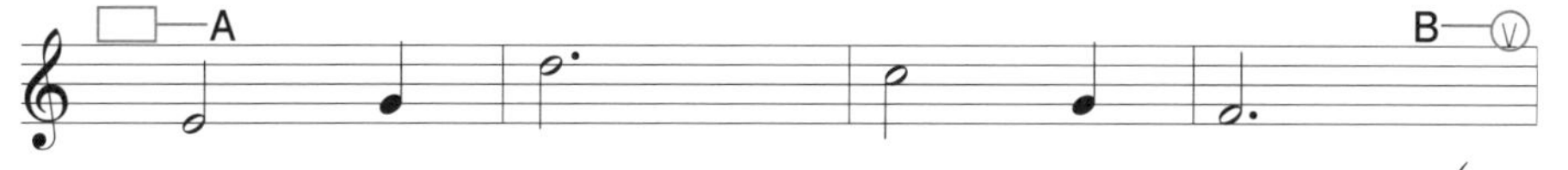

(1) 何分の何拍子ですか。 (　　　　　)

(2) 調を答えなさい。 (　　　　　)

(3) 作詞者と作曲者をア～ウから選びなさい。 作詞者(　　) 作曲者(　　)

ア O.ハマースタイン２世　イ S.C.フォスター　ウ R.ロジャーズ

(4) Aに入る，「少し弱く」という意味の記号をかき，その読み方も答えなさい。

記号(　　　　　) 読み方(　　　　　)

(5) Bは何をする記号ですか。 (　　　　　)

2 よく出る 次の楽譜について，あとの問いに答えなさい。 5点×6〔30点〕

(1) Aに入る，「少し強く」という意味の記号をかき，その読み方も答えなさい。

記号(　　　　　) 読み方(　　　　　)

(2) B，Cは，♩の長さを１とするとどれだけの長さになりますか。

B(　　　　　) C(　　　　　)

(3) a，bにあてはまる歌詞を書きなさい。

a(　　　　　) b(　　　　　)

3 次の問いに答えなさい。 7点×5〔35点〕

(1) この曲が歌われているミュージカルの名前を書きなさい。

(　　　　　)

(2) この曲に込められた気持ちを，ア～ウから選びなさい。 (　　)

ア 過去を懐かしむ気持ち　イ 祖国を愛する気持ち　ウ 山を愛する気持ち

(3) エーデルワイスは(A 白　B 黄)色の(a 鳥　b 植物)のことである。A，Bとa，bから正しい方をそれぞれ選びなさい。 (　　)(　　)

(4) 全休符をア～ウから選びなさい。 (　　)

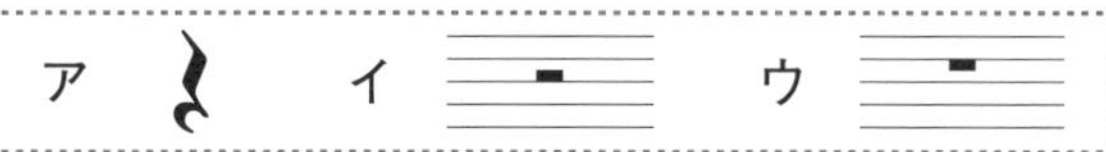

ポイント攻略！ 音符や休符，記号の意味を確認しよう。➡ 2

解答 p.4

6 浜辺の歌

満点ミッション

❶林古渓
国文学者，漢文学者でもある。本名は林竹次郎。

◇成田為三
「かなりや」なども作曲した，明治～昭和時代の作曲家。

成田為三は東京音楽学校(現在の東京芸術大学)の卒業生なんだよ。

❷8分の6拍子
1小節の中に8分音符が6つ入る拍子。

◇ヘ長調
調号がこのようになる長調。

❸あした
朝

❹ゆうべ
夕方

❺もとおれば
めぐれば(歩きまわれば)

❻メッゾ フォルテ
意味：少し強く

❼クレシェンド
意味：だんだん強く

❽デクレシェンド
意味：だんだん弱く

❾リタルダンド
意味：だんだん遅く

テストに出る！ ココが要点

1 基本データ

(1) 作詞は(❶　　　　)，作曲は成田為三。

(2) ♪＝104～112，(❷　　　　)拍子，ヘ長調。

(3) 二部形式。

2 歌詞を覚えよう

一　(❸　　　　)浜辺を　さまよえば
昔のことぞ　しのばるる
風の音よ　雲のさまよ　寄する波も　かいの色も

二　(❹　　　　)浜辺を　(❺　　　　)
昔の人ぞ　しのばるる
寄する波よ　かえす波よ　月の色も　星のかげも

3 曲中のいろいろな記号

記号	*mf*	＜ (クレシェンド記号)
読み方	(❻　　　　)	(❼　　　　)
記号	＞ (デクレシェンド記号)	*rit.*
読み方	(❽　　　　)	(❾　　　　)

●
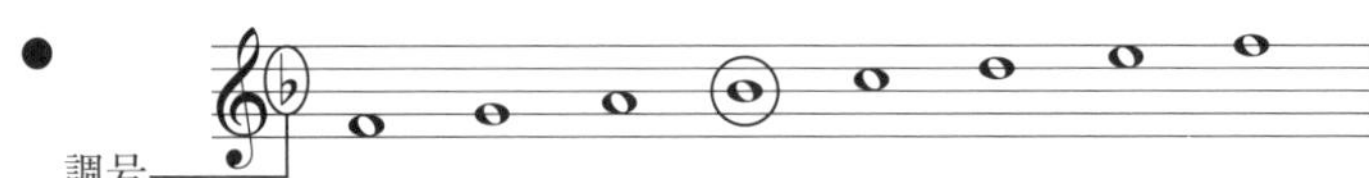

ヘ長調の音階は，ロ音が半音下がり，変ロ音になる。

4 この曲について

林古渓は，幼少期を過ごした神奈川県の辻堂海岸をイメージして，この曲の作詞をしたといわれている。

5 二部形式

●楽曲の中で自然に区切られる旋律のことをフレーズという。
「浜辺の歌」を4小節単位で記号に表すと，次のようになる。

a - a'　b - a'

a…最初のフレーズ
a'…aと似ているフレーズ
b…aとは異なるフレーズ

満点ミッションの❶,❷…は，ココが要点の❶,❷…の答えになります。

解答 p.4

予想問題 6　浜辺の歌

🕒20分　/100点

1 作曲者について，次の問いに答えなさい。　6点×3〔18点〕

(1)　名前を答えなさい。　(　　　　)

(2)　「浜辺の歌」以外の代表作を１つ答えなさい。　(　　　　)

(3)　「浜辺の歌」は，作曲者が学生時代に作曲したものです。現在の東京芸術大学である，当時の学校の名前を答えなさい。　(　　　　)

2 ①〜④は，「浜辺の歌」の１番の歌詞です。次の問いに答えなさい。　6点×6〔36点〕

①　あした浜辺を　さまよえば		続く感じ
②　昔のことぞ　しのばるる	①と（ A ）フレーズ	（ D ）感じ
③　風の音よ　雲のさまよ	①と（ B ）フレーズ	（ E ）感じ
④　寄する波も　かいの色も	①と（ C ）フレーズ	終わる感じ

(1)　表のA〜Cにあてはまるのは，「似ている」と「異なる」のどちらですか。それぞれ答えなさい。　A(　　　　)　B(　　　　)　C(　　　　)

(2)　表のD，Eにあてはまるのは，「続く」と「終わる」のどちらですか。それぞれ答えなさい。　D(　　　　)　E(　　　　)

(3)　この曲は，何部形式ですか。　(　　　　)

3 次の「浜辺の歌」の歌詞の意味を，ア〜オから選びなさい。　7点×3〔21点〕

(1)　あした　(　　)　(2)　ゆうべ　(　　)　(3)　もとおれば　(　　)

ア　めぐれば　イ　元の場所に戻れば　ウ　明日　エ　朝　オ　夕方

4 よく出る　次の楽譜（がくふ）について，あとの問いに答えなさい。　5点×5〔25点〕

p　A　B

よ　す　るーな　ーー　み　ーも　（　a　）　ー

(1)　拍子と調を答えなさい。　拍子(　　　　)　調(　　　　)

(2)　Aに入る，「だんだん遅く」という意味の記号をかきなさい。　(　　　　)

(3)　Bにあてはまる休符をかきなさい。　(　　　　)

(4)　aにあてはまる歌詞をア〜エから選びなさい。　(　　)

ア　ほしのかげも　イ　むかしのことぞ　ウ　かいのいろも　エ　かえすなみよ

解答 p.4

7 赤とんぼ

満点ミッション

❶三木露風
詩人。本名は三木操。児童詩や童謡も多く残した。

❷山田耕筰
「待ちぼうけ」「この道」「ペチカ」なども作曲した日本の作曲家，指揮者。

◇4分の3拍子
1小節の中に4分音符が3つ入る拍子。

◇変ホ長調
調号がこのようになる長調。

❸負われて
背負われて

❹お里のたより
ふるさとからの手紙

❺ピアノ
意味：弱く

❻メッゾ フォルテ
意味：少し強く

❼クレシェンド
意味：だんだん強く

❽デクレシェンド
意味：だんだん弱く

テストに出る！ ココが要点

1 基本データ

(1) 作詞は(❶　　　)，作曲は(❷　　　)。

(2) ♩＝58～63，4分の3拍子，変ホ長調。

(3) 一部形式。

(4) 作詞者が幼い頃，姐や(子守娘)に背負われて見た赤とんぼや，姐やが畑で桑の実を摘んだりした思い出を歌にした。

2 歌詞を覚えよう

一　夕やけ小やけの　赤とんぼ
　(❸　　　)見たのは　いつの日か

二　山の畑の　桑の実を
　小籠に摘んだは　まぼろしか

三　十五で姐やは　嫁に行き
　(❹　　　)も　絶えはてた

四　夕やけ小やけの　赤とんぼ
　とまっているよ　竿の先

3 曲中のいろいろな記号

記号	*p*	*mf*
読み方	(❺　　　)	(❻　　　)
記号	＜（クレシェンド記号）	＞（デクレシェンド記号）
読み方	(❼　　　)	(❽　　　)

4 一部形式

●2の1番の旋律は，このような関連性を持っている。

1行目　aとする　続く感じ
2行目　aと異なる旋律(b)　終わる感じ

記号で表すとa－bで，これを一部形式という。

5 「赤とんぼ」の言葉のアクセント

●現在は「アカトンボ」のように「カ」にアクセントがあるが，この曲ができた当時の東京地方では「アカトンボ」と発音していたため，この曲のメロディーも「ア」にアクセントがあるようにつくられているといわれている。

満点ミッションの❶,❷…は，ココが要点の❶,❷…の答えになります。

テストに出る！

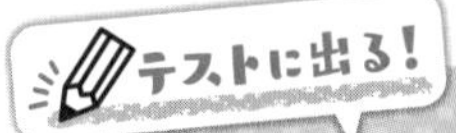

予想問題 7 赤とんぼ

20分

/100点

1 よく出る 次の楽譜(がくふ)について，あとの問いに答えなさい。 (1)〜(6)7点×8，(7)8点〔64点〕

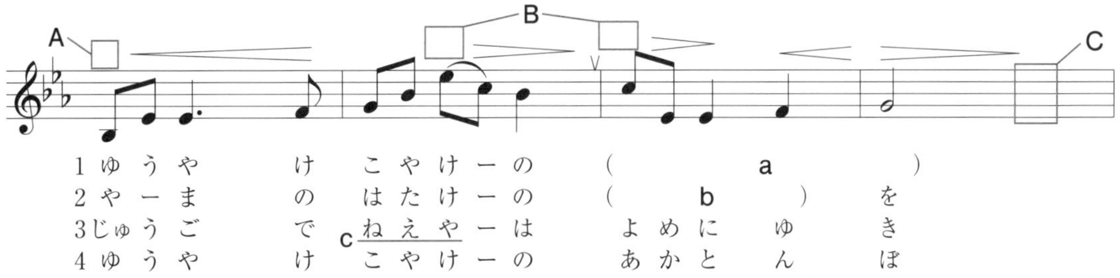

A
B
C
1ゆ う や け こ や け ー の (a)
2や ー ま の は た け ー の (b) を
3じゅ う ご で c ね え や ー は よ め に ゆ き
4ゆ う や け こ や け ー の あ か と ん ぼ

(1) 作詞者と作曲者をア〜エから選びなさい。 作詞者(　　) 作曲者(　　)

ア 成田為三(なりたためぞう)　イ 山田耕筰　ウ 三木露風　エ 滝廉太郎(たきれんたろう)

(2) この曲の速さとして適切なものをア〜エから選びなさい。 (　　)

ア ♪=58〜63　イ ♩=58〜63　ウ ♪=80〜88　エ ♩=80〜88

(3) Aに入る，「弱く」という意味の記号をかきなさい。 (　　)

(4) Bに入る，「少し強く」という意味の記号をかきなさい。 (　　)

(5) Cにあてはまる休符(きゅうふ)をかきなさい。 (　　)

(6) a，bにあてはまる歌詞を書きなさい。

a(　　) b(　　)

(7) 下線部cの表すものをア〜ウから選びなさい。 (　　)

ア 自分の姉　イ 子守娘　ウ 自分の母

2 次の楽譜について，あとの問いに答えなさい。 6点×6〔36点〕

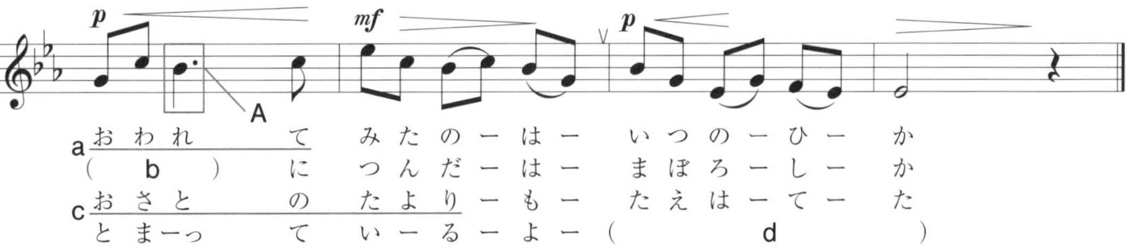

p
mf
p
A
a お わ れ て み た の ー は ー い つ の ー ひ ー か
(b) に つ ん だ ー は ー ま ぼ ろ ー し ー か
c お さ と の た よ り ー も ー た え は ー て ー た
と まー っ て い ー る ー よ ー (d)

(1) Aの音符の名前と，8分音符いくつ分の長さになるかを答えなさい。

名前(　　) 8分音符(　　)つ分

(2) 下線部a，cの意味を答えなさい。

a(　　) c(　　)

(3) b，dにあてはまる歌詞を書きなさい。

b(　　) d(　　)

@ポイント攻略！ 歌詞の意味や作詞者，作曲者を確認しよう。➡ 1

8 夢の世界を

満点ミッション

◇ハ長調

調号が付かない長調。

❶8分の6拍子(びょうし)

1小節の中に8分音(おん)符(ぷ)が6つ入る拍子。この歌は，♩.が1小節に2つの2拍子のように歌う。

前半が斉唱(せいしょう)で後半が混声三部合唱だね。

❷付点4分音符

意味：4分音符＋8分音符の長さだけ延ばす

❸テヌート

意味：音の長さをじゅうぶんに保って

❹リタルダンド

意味：だんだん遅(おそ)く

❺ア テンポ

意味：もとの速さで

❻メッゾ フォルテ

意味：少し強く

❼フォルテ

意味：強く

強弱記号

記号	
ff	強く
f	↑
mf	
mp	
p	↓
pp	弱く

テストに出る！ココが要点

1 基本データ

(1) 作詞は芙龍明子(ふりゅうあきこ)，作曲は橋本祥路(はしもとしょうじ)。

(2) ♩.＝84～92，ハ長調。

(3) (❶　　　　)拍子。指揮の形は，下のア，イのうちア。

ア

123456

イ

3 21456

どちらも6拍子の指揮の形だけど，この曲の速さだとどちらが良いかな？

2 歌詞を覚えよう

一　微笑(ほほえ)み交わして　語り合い　落ち葉を踏(ふ)んで　歩いたね

並木の銀杏(いちょう)を　あざやかに　いつかも夕日が　映し出したね

※（さあ　でかけよう　思い出のあふれる　道を駆(か)け抜け

　（さあ　語り合おう　素晴(すば)らしいぼくらの　夢の世界を

二　小鳥のさえずり　聞きながら　はるかな夕日を　眺(なが)めたね

小川の流れも　すみわたり　いつかもぼくらを　映し出したね

※くり返し

3 曲中のいろいろな音符や記号

音符・記号	♩.	♩(テヌート)
名前・読み方	(❷　　　)	(❸　　　)
記号	*rit.*	*a tempo*
読み方	(❹　　　)	(❺　　　)
記号	*mf*	*f*
読み方	(❻　　　)	(❼　　　)

4 二部形式

●「夢の世界を」を8小節単位(最後は10小節)で記号に表すと，次のようになる。

a - a'　b - b'

a…最初のフレーズ
a'…aと似ているフレーズ
b…aとは異なるフレーズ
b'…bと似ているフレーズ

満点ミッションの❶,❷…は，ココが要点の❶,❷…の答えになります。

解答 p.4

予想問題 8 夢の世界を

20分 /100点

1 次の問いに答えなさい。 6点×4〔24点〕

(1) 作詞者と作曲者の正しい組み合わせを，ア～ウから選びなさい。 (　)

ア 高野辰之(たかのたつゆき)・岡野貞一(おかのていいち)　イ 山上路夫(やまがみみちお)・村井邦彦(むらいくにひこ)　ウ 芙龍明子・橋本祥路

(2) 何分の何拍子ですか。 (　)

(3) この曲の指揮をするときの適切な振り方を，ア～ウから選びなさい。 (　)

ア 1 2 3　イ 123456　ウ 2 1 3 4

(4) 調を答えなさい。 (　)

2 歌詞について，次の問いに答えなさい。 6点×6〔36点〕

(1) A～Dにあてはまる歌詞を書きなさい。

① 小川の(A)も　すみわたり　いつかもぼくらを　(B)

A(　) B(　)

② 微笑み交わして　(C)　落ち葉を踏んで　(D)

C(　) D(　)

(2) (1)の①，②は，１番と２番どちらの歌詞ですか。

①(　) ②(　)

3 合唱形態について，次の問いに答えなさい。 5点×3〔15点〕

(1) この曲の合唱形態の移り変わりとして正しいものを，ア～ウから選びなさい。(　)

ア 斉唱→混声二部合唱　イ 混声三部合唱→斉唱　ウ 斉唱→混声三部合唱

(2) この曲に現れる女声のパート名を，声域の高い順に書きなさい。

(　)(　)

4 よく出る 次の楽譜(がくふ)について，あとの問いに答えなさい。 5点×5〔25点〕

2.　rit.—A　□　—C　⌐D　a tempo—B

(1) A，Bの記号の意味を答えなさい。 A(　) B(　)

(2) Cに入る，「少し強く」という意味の記号をかきなさい。 (　)

(3) Dの記号の読み方と意味を答えなさい。

読み方(　) 意味(　)

@ポイント攻略！ 歌詞や，２番の終わりのテンポや強弱などの表現を確認しよう。➡ 2 4

9 生命が羽ばたくとき

満点ミッション

◇♩＝86
意味：１分間に♩を86打つ速さで

◇4分の4拍子
１小節の中に４分音符が４つ入る拍子。

◇変ロ長調
調号がこのようになる長調。

❶ 2分休符
意味：２分音符の長さと同じだけ休む

❷ 全休符
意味：全音符の長さと同じだけ休む
１小節休む場合にも用いられる。

❸ タイ
意味：隣り合った同じ高さの音符をつなぐ

❹ テヌート
意味：音の長さをじゅうぶんに保って

❺ メッゾ ピアノ
意味：少し弱く

❻ クレシェンド
意味：だんだん強く

*D.S.*は「𝄋に戻る」，*D.C.*は「始めに戻る」という意味だよ。

テストに出る！ ココが要点

1 基本データ

(1) 作詞は人見敬子，作曲は西澤健治。

(2) ♩＝86ぐらい，4分の4拍子，変ロ長調。

(3) 後半は混声三部合唱。

2 歌詞を覚えよう

一　夢見ることは　生きる力　未来の日々を　信じること
明日から　吹く風に　翼をひろげ　羽ばたこう　今
夕日追いかけて　夜をこえて　本当の自分さがす
夢見るために　夢見るために　生まれてきた

二　愛することは　生きる光　確かな生命　感じること
心へと　降る虹の　やさしさの意味を　分けあおう　今
同じ空の下　心つくし　この時をともに歩む
愛するために　愛するために　生まれてきた

3 曲中のいろいろな休符や記号

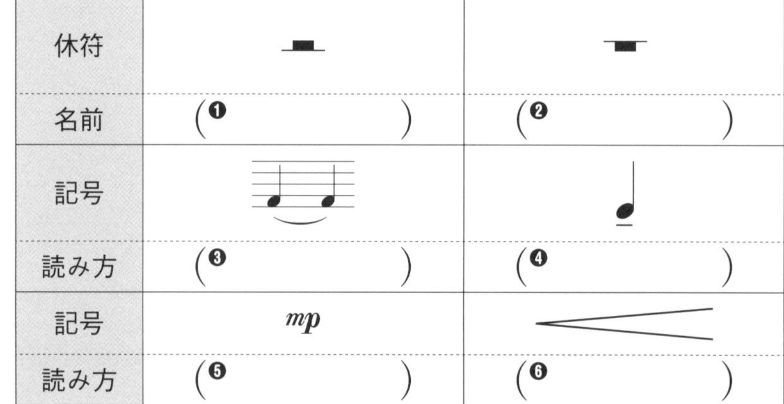

休符	(rest)	(rest)
名前	(❶　　)	(❷　　)
記号	(tie)	(tenuto)
読み方	(❸　　)	(❹　　)
記号	*mp*	(crescendo)
読み方	(❺　　)	(❻　　)

●

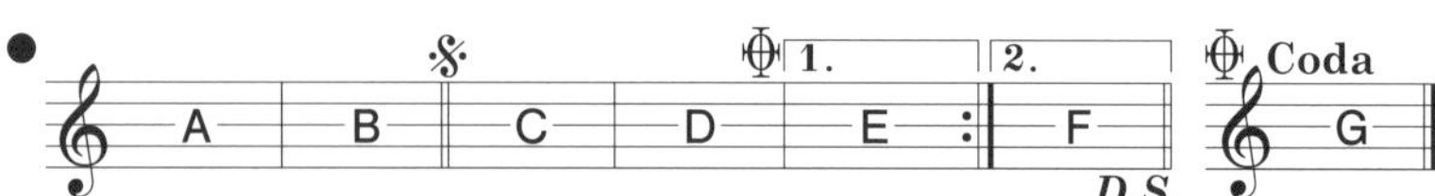

上の楽譜を演奏する順序は，
A→B→C→D→E→A→B→C→D→F→C→D→G。

4 いろいろな合唱形態と配置図(例)

女声三部合唱

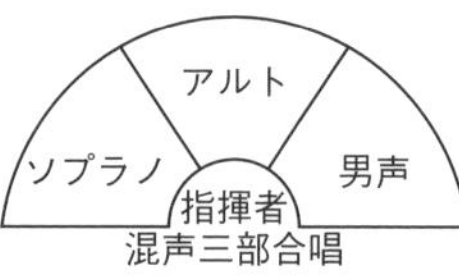

混声三部合唱

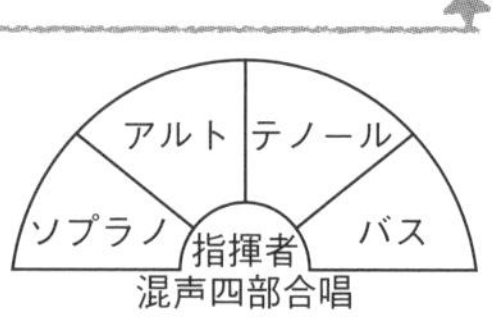

混声四部合唱

満点ミッションの❶,❷…は，ココが要点の❶,❷…の答えになります。

解答 p.5

予想問題 9 生命が羽ばたくとき

⏱20分

/100点

1 よく出る 次の楽譜(がくふ)について，あとの問いに答えなさい。 7点×10〔70点〕

(1) 何分の何拍子ですか。 ( )

(2) A，Bの記号の読み方と意味を答えなさい。

A 読み方( ) 意味( )

B 読み方( ) 意味( )

(3) Cの部分を歌う女声のパート名を答えなさい。 ( )

(4) Dは何をする記号ですか。 ( )

(5) *f* の部分から，どのような合唱形態になっていますか。 ( )

(6) a，bにあてはまる歌詞を書きなさい。

a ( ) b ( )

2 次の楽譜について，あとの問いに答えなさい。 6点×5〔30点〕

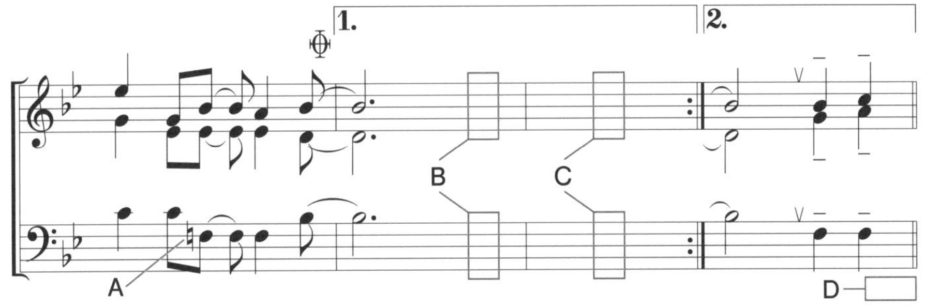

(1) Aの記号の読み方と意味を答えなさい。

読み方( ) 意味( )

(2) B，Cにあてはまる休符をア〜エから選びなさい。 B ( ) C ( )

(3) Dには，「𝄋に戻る」という意味の記号が入ります。ア，イのどちらですか。

( )

@ポイント攻略！ テヌートやくり返し記号の意味を確認しよう。➡ **1**

10 翼をください

満点ミッション

◇山上路夫（やまがみみちお）
作詞家。代表作「学生街の喫茶店」など。

◇村井邦彦（むらいくにひこ）
作曲家。山上路夫とのコンビの作品が多い。代表作「虹と雪のバラード」など。

❶Moderato
意味：中ぐらいの速さで

◇変ロ長調
調号がこのようになる長調。

◇4分の4拍子（びょうし）
1小節の中に4分音符が4つ入る拍子。

❷混声三部合唱
女声と男声による，3つの声部に分かれた合唱。

❸メッゾ フォルテ
意味：少し強く

❹フォルテ
意味：強く

❺タイ
意味：隣（とな）り合った同じ高さの音符をつなぐ

❻スラー
意味：高さの違（ちが）う2つ以上の音符を滑（なめ）らかに

❼クレシェンド
意味：だんだん強く

❽デクレシェンド
意味：だんだん弱く

テストに出る！ ココが要点

1 基本データ

(1) 作詞は山上路夫，作曲は村井邦彦。
(2) 速度記号は（❶　　　　），変ロ長調。
(3) 4分の4拍子。後半は（❷　　　　）合唱。
(4) フォーク グループ「赤い鳥」が歌ったヒット曲。

2 歌詞を覚えよう

一　今 わたしの願いごとが　かなうならば　翼が欲しい
　　この背中に　鳥のように　白い翼　つけてください
　　この大空に　翼をひろげ　飛んで行きたいよ
　　悲しみのない　自由な空へ　翼はためかせ　行きたい
二　今 富とか名誉（めいよ）ならば　いらないけど　翼が欲しい
　　子供の時　夢見たこと　今も同じ　夢に見ている
　　この大空に　翼をひろげ　飛んで行きたいよ
　　悲しみのない　自由な空へ　翼はためかせ　行きたい

3 曲中のいろいろな記号

記号	*mf*	*f*
読み方	（❸　　　　）	（❹　　　　）
記号	（同じ高さの2音を弧線でつないだ譜例）	（異なる高さの2音を弧線でつないだ譜例）
読み方	（❺　　　　）	（❻　　　　）
記号	＜	＞
読み方	（❼　　　　）	（❽　　　　）

4 3連符

● 3連符とは，音符（付点音符を除く）を3等分した音符のこと。

（8分音符の3連符） 4分音符1つ分の長さ。	（4分音符の3連符） 2分音符1つ分の長さ。

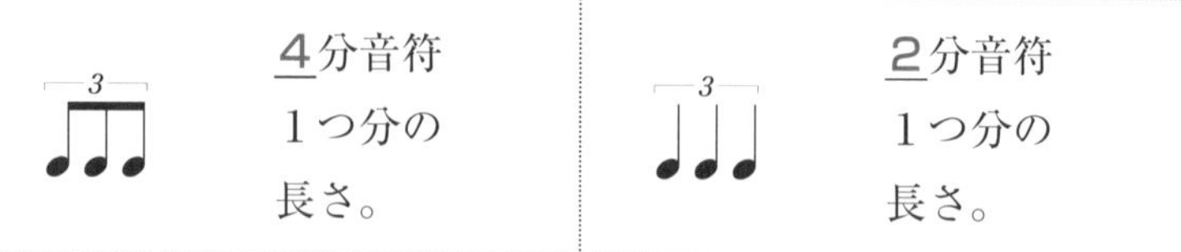

満点ミッション の❶,❷…は，ココが要点 の❶,❷…の答えになります。

解答 p.5

予想問題 10　翼をください

🕒 20分

/100点

1 よく出る　次の楽譜（がくふ）について，あとの問いに答えなさい。(1)〜(3)6点×4，(4)〜(9)5点×8〔64点〕

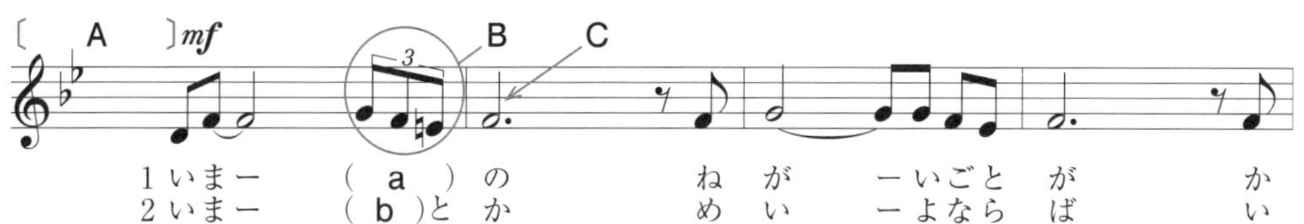

(1) 作詞者と作曲者をア〜エから選びなさい。　作詞者（　　）　作曲者（　　）

ア　岡野貞一（おかのていいち）　イ　村井邦彦　ウ　山崎朋子（やまざきともこ）　エ　山上路夫

(2) 何分の何拍子ですか。（　　）

(3) 調を答えなさい。（　　）

(4) この曲は，1971年にあるフォーク グループが歌い，ヒットしました。グループ名を答えなさい。（　　）

(5) Aに入る，「中ぐらいの速さで」という意味の記号と，その読み方を答えなさい。

記号（　　）　読み方（　　）

(6) Bと同じ長さを1つの音符で表したものを，ア〜エから選びなさい。（　　）

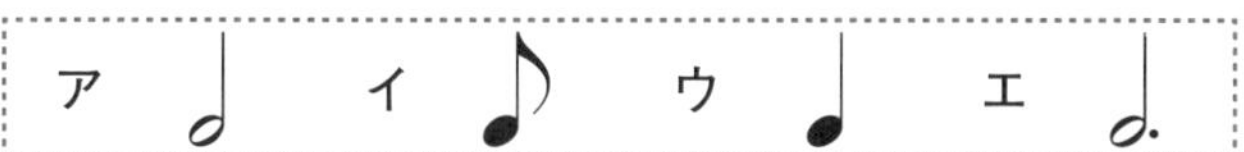

(7) Cの音符の名前を答えなさい。（　　）

(8) Cの音符の長さについて表した下の図のDにあてはまる1つの音符をかきなさい。

𝅗𝅥. = 𝅗𝅥 + (D)　（　　）

(9) a，bにあてはまる歌詞を書きなさい。a（　　）　b（　　）

2 次の楽譜について，あとの問いに答えなさい。　6点×6〔36点〕

(1) この部分では，ソプラノ・アルト・男声の3つのパートでの合唱となります。このような合唱形態のことをなんといいますか。（　　）

(2) Aに入る，「強く」という意味の記号と，その読み方を答えなさい。

記号（　　）　読み方（　　）

(3) B〜Dのうち，息つぎ(ブレス)をするのに適切な場所を1つ選びなさい。（　　）

(4) Eはタイですか，スラーですか。（　　）

(5) aにあてはまる歌詞を書きなさい。（　　）

@ポイント攻略！　3連符の長さや歌詞を確認しよう。➡ **1**

解答 p.5

11 夏の思い出

ココが要点

1 基本データ

(1) 作詞は江間章子，作曲は（❶　　　　）。

(2) ♩＝63ぐらい，（❷　　　　）拍子，二長調。

(3) 二部形式。

2 歌詞を覚えよう

一　夏がくれば　思い出す　はるかな尾瀬　遠い空
霧のなかに　うかびくる　やさしい影　野の小径
水芭蕉の花が　咲いている　夢みて咲いている　水の辺り
石楠花色に　たそがれる　はるかな尾瀬　遠い空

二　夏がくれば　思い出す　はるかな尾瀬　野の旅よ
花のなかに　そよそよと　ゆれゆれる　浮き島よ
水芭蕉の花が　におっている　夢みておっている　水の辺り
まなこつぶれば　懐かしい　はるかな尾瀬　遠い空

3 曲中のいろいろな記号

記号	*pp*	♩（テヌート記号付き）
読み方	（❸　　　　）	（❹　　　　）
記号	*dim.*	𝄐
読み方	（❺　　　　）	（❻　　　　）

●

上の楽譜を演奏する順序は，A→B→C→D→A→B→E→F。

4 リズムの違い

次の部分は，１番と２番それぞれの歌詞に合わせてリズムが違う。

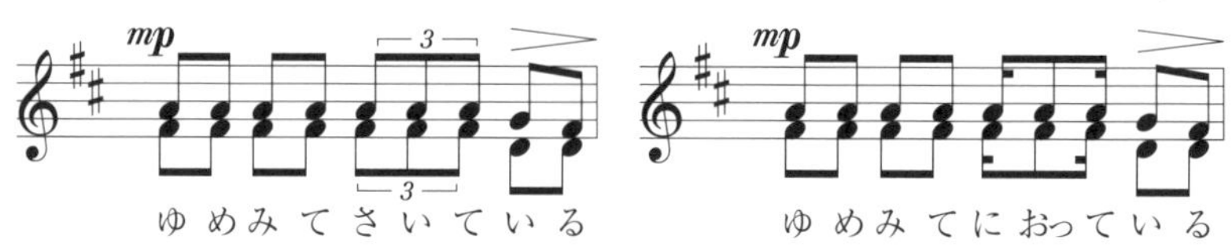

●１番の♪♪♪（3）のような音符を3連符と呼ぶ。１番の♪♪♪（3）も２番の♪♬（♬♬）も，１つの音符で表すと♩と同じ長さになる。

満点ミッション

◇江間章子（えましょうこ）
「花の街」の作詞も手がけた詩人。

❶中田喜直（なかだよしなお）
「めだかのがっこう」などの童謡や合唱曲，ピアノ曲を残した。

❷4分の4拍子
1小節の中に4分音符が4つ入る拍子。

◇二長調
調号がこのようになる長調。

◇尾瀬（おぜ）
群馬，福島，新潟三県の境にある，尾瀬ヶ原という湿原地帯。

◇石楠花色（しゃくなげ）
薄い紅色（淡紅色）

◇浮き島
湿原や沼に浮き，島のように見えるもの

❸ピアニッシモ
意味：とても弱く

❹テヌート
意味：音の長さをじゅうぶんに保って

❺ディミヌエンド
意味：だんだん弱く

❻フェルマータ
意味：音符（休符）をほどよく延ばす

◇3連符
♩や𝅗𝅥などを3等分する音符。

満点ミッションの❶,❷…は，ココが要点の❶,❷…の答えになります。

解答 p.5

予想問題 11 夏の思い出

⏱ 20分

/100点

1 次の問いに答えなさい。 7点×5〔35点〕

(1) 作詞者を答えなさい。 (　　　　)

(2) 作詞者の「夏の思い出」以外の代表作を１つ答えなさい。 (　　　　)

(3) 作曲者を答えなさい。 (　　　　)

(4) 拍子と調を答えなさい。 拍子(　　　　) 調(　　　　)

2 次の楽譜について，あとの問いに答えなさい。 7点×5〔35点〕

mp　A〔B〕　mp　C　D　dim.

みずばしょうのはながさいている　ゆめみて(　a　)みずのほとり

(1) Aの休符の名前を答えなさい。 (　　　　)

(2) Bに入る，「とても弱く」という意味の記号をかきなさい。 (　　　　)

(3) Cと同じ長さを１つの音符で表したものを，ア～ウから選びなさい。 (　　　　)

ア ♪　イ ♩　ウ 𝅗𝅥

(4) Dの記号の読み方を答えなさい。 (　　　　)

(5) aにあてはまる歌詞を書きなさい。 (　　　　)

3 よく出る 次の楽譜について，あとの問いに答えなさい。 5点×6〔30点〕

p　mf　A　B　p

しゃくなげいーろに　たそがれる　はるかなおぜ　とおいそら

(1) Aの記号の読み方を答えなさい。 (　　　　)

(2) Bに入る，「音符(休符)をほどよく延ばす」という意味の記号をかきなさい。

(　　　　)

(3) この曲の歌詞に現れる，２つの花の名前を答えなさい。(片方は，色の名前として現れています。)

(　　　　)(　　　　)

(4)「尾瀬」という場所について，a，bにあてはまる言葉を書きなさい。

尾瀬とは，(a)県，福島県，新潟県の境にある(b)地帯のことである。

a(　　　　)　b(　　　　)

@ポイント攻略！ 尾瀬はどんな所か，歌詞に現れるのはどんな花か確認しよう。➡ **3**

12 荒城の月

満点ミッション

❶土井晩翠
宮城県生まれ，本名は土井林吉。詩作の他に翻訳も手がけた。

❷滝廉太郎
23歳の若さで亡くなった作曲家。代表作に「お正月」「箱根八里」「花」など。

❸4分の4拍子
1小節の中に4分音符が4つ入る拍子。

◇ロ短調
調号がこのようになる短調。

◇七五調
七音と五音をくり返す形式。

❹花の宴
花見の宴会

❺千代の松が枝
古い松の枝

❻植うるつるぎ
林のように立ち並ぶ剣

❼照りそいし
照り輝いた

❽かずら
つる草

❾天上影
空の月の光

❿栄枯
栄えたり衰えたり

⓫アンダンテ
意味：ゆっくり歩くような速さで

⓬メッゾ フォルテ
意味：少し強く

テストに出る！ ココが要点

1 基本データ

(1) 作詞は（❶　　　　），作曲は（❷　　　　）

(2) Andante，（❸　　　　）拍子，ロ短調。

(3) 二部形式。歌詞は七五調で書かれている。

「はるこうろうの」で七音，「はなのえん」で五音だね。

2 歌詞を覚えよう

一　春高楼の　（❹　　　　）　めぐる盃　影さして
　（❺　　　　）　わけ出でし　昔の光　今いずこ

二　秋陣営の　霜の色　鳴き行く雁の　数見せて
　（❻　　　　）に　（❼　　　　）　昔の光　今いずこ

三　今荒城の　夜半の月　変わらぬ光　たがためぞ
　垣に残るは　ただ（❽　　　　）　松に歌うは　ただあらし

四　（❾　　　　）は　変わらねど　（❿　　　　）は移る　世の姿
　写さんとてか　今もなお　ああ荒城の　夜半の月

3 曲中のいろいろな記号

記号	Andante	*mf*
読み方	（⓫　　　　）	（⓬　　　　）

4 滝廉太郎の原曲（楽譜１）と山田耕筰の補作編曲（楽譜２）

楽譜１

楽譜２

①AとA'（A'は「緩やかに，悲しく，そして歌うように」）

②BとB'（♯の有無）

③CとC'（デクレシェンドの有無）

満点ミッションの❶，❷…は，ココが要点の❶，❷…の答えになります。

予想問題 12　荒城の月

🕒20分

/100点

1 「荒城の月」について，次の問いに答えなさい。　5点×4〔20点〕

(1) 作詞者を答えなさい。（　　　）

(2) 作曲者を答えなさい。（　　　）

(3) この曲の補作編曲をした，「赤とんぼ」の作曲者を答えなさい。（　　　）

(4) この曲は，何部形式ですか。（　　　）

2 よく出る 次の歌詞の意味を，ア～キから選びなさい。　4点×7〔28点〕

(1) 花の宴（　　）

(2) 千代の松が枝（　　）

(3) 植うるつるぎ（　　）

(4) 照りそいし（　　）

(5) かずら（　　）

(6) 天上影（　　）

(7) 栄枯（　　）

ア　つる草
イ　花見の宴
ウ　栄えたり衰えたりすること
エ　空からの月の光
オ　古い松の枝
カ　照り輝いた
キ　林のように立ち並ぶ剣

3 次の歌詞の内容を表した文は，何番にあてはまるか数字で答えなさい。　4点×4〔16点〕

(1) 秋の兵士たちや雁の群れの様子。（　　）番

(2) 春の華（はな）やかな花見の宴の様子。（　　）番

(3) 移り変わる世の中を写す空の月の光の様子。（　　）番

(4) 現在の荒（あ）れ果てた城に対するむなしさ。（　　）番

4 次の楽譜について，あとの問いに答えなさい。　6点×6〔36点〕

A—Andante　*mf*　B　C

1 はるこうろうの　はなのえん　（　a　）かげさして

(1) 調を答えなさい。（　　　）

(2) Aの記号の意味を答えなさい。（　　　）

(3) Bに入る，「だんだん弱く」という意味の記号をかきなさい。（　　　）

(4) Cに入る音高の変化に関する記号をかきなさい。（　　　）

(5) aにあてはまる歌詞を書きなさい。（　　　）

(6) この曲の歌詞の形式を何というか答えなさい。（　　　）

@ポイント攻略！ 作詞者や作曲者，歌詞の意味を確認しよう。➡ 1 2

解答 p.6

13 サンタ ルチア(Santa Lucia)

満点ミッション

◇8分の3拍子
1小節の中に8分音符が3つ入る拍子。

◇変ロ長調
調号がこのようになる長調。

◇カンツォーネ
イタリア語で「歌」という意味。「オ ソーレ ミオ」「フニクリ フニクラ」などが代表的。

❶メッゾ フォルテ
意味：少し強く

❷メッゾ ピアノ
意味：少し弱く

❸フォルテ
意味：強く

❹フェルマータ
意味：音符(休符)をほどよく延ばす

❺アクセント
意味：音を目立たせて，強調して

❻スラー
意味：高さの違う2つ以上の音符を滑らかに

❼ナチュラル
意味：もとの高さで

❽フラット
意味：半音下げる

テストに出る！ ココが要点

1 基本データ

(1) ナポリ民謡。原曲はイタリア語。

(2) ♪＝96～104，8分の3拍子，変ロ長調。

(3) 1856年にナポリで開かれたカンツォーネの歌祭りで発表された。19世紀後半から20世紀初め頃につくられたナポリ風の歌のことを，日本では「カンツォーネ」と呼ぶ。

2 歌詞を覚えよう

一 空に白き 月の光 波を吹く そよ風よ
かなた島へ 友よ 行かん
サンタ ルチア サンタ ルチア

二 しろがねの 波にゆられ 船は軽く 海を行く
かなた島へ 今宵 また
サンタ ルチア サンタ ルチア

3 曲中のいろいろな記号

記号	*mf*	*mp*
読み方	(❶　　)	(❷　　)
記号	*f*	𝄐
読み方	(❸　　)	(❹　　)
記号	♩(アクセント付き)	(スラーでつながれた2つの音符)
読み方	(❺　　)	(❻　　)
記号	♮	♭
読み方	(❼　　)	(❽　　)

●付点8分音符の長さ

解答 p.6

予想問題 13 サンタ ルチア(Santa Lucia)

20分

/100点

1 よく出る 次の楽譜(がくふ)について，あとの問いに答えなさい。 6点×9〔54点〕

A B C D E

1(a) つ き の ひ か り な み を ふ ー く

2(b) な み に ゆ ら れ ふ ね は か ろ く

(1) 何分の何拍子ですか。 (　　　)

(2) A，Cに入るのは，*mp*と*mf*のどちらですか。

A (　　　) C (　　　)

(3) Bの音符の名前を答えなさい。 (　　　)

(4) D，Eに入るのは，♮と♭のどちらですか。

D (　　　) E (　　　)

(5) a，bにあてはまる歌詞を書きなさい。また，この部分のイタリア語の歌詞をア～ウから選びなさい。

ア L'astro d'argento,　イ Santa Lucia!　ウ Sul mare luccica

a (　　　) b (　　　) イタリア語の歌詞 (　　　)

2 次の楽譜について，あとの問いに答えなさい。 6点×6〔36点〕

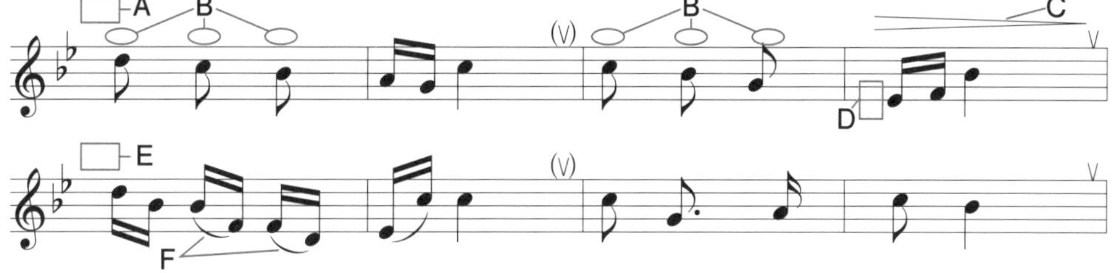

(1) A，Eに入るのは，*mp*と *f* のどちらですか。

A (　　　) E (　　　)

(2) Bに入るのは，テヌートとアクセントのどちらですか。 (　　　)

(3) Cの記号の読み方を答えなさい。 (　　　)

(4) Dに入るのは，♮と♭のどちらですか。 (　　　)

(5) Fの記号の読み方を答えなさい。 (　　　)

3 次の問いに答えなさい。 5点×2〔10点〕

(1) サンタ ルチアとは何のことですか。適切でないものをア～ウから選びなさい。 (　　　)

ア 港の名前　イ 船乗りたちの守り神　ウ ベズビオ山に咲く花の名前

(2) 「サンタ ルチア」「オ ソーレ ミオ」のようなナポリ風の歌のことを何といいますか。

(　　　)

@ポイント攻略! アクセントやフェルマータなど，表現のしかたを確認しよう。➡2

14 花

満点ミッション

❶滝廉太郎
「荒城の月」なども作曲した作曲家。ドイツに留学するが肺結核になり，23歳という若さで亡くなった。

❷うらら
柔らかい日ざしを受けている

❸櫂
水をかいて船を進める道具

❹たとうべき
たとえたらよいのだろうか

❺あけぼの
明け方

❻見ずや
見てごらん

❼のべて
伸ばして

❽錦おりなす
美しい織物のように見える

❾くるれば
日が暮れると

❿おぼろ月
ぼんやりとかすんだ光の薄い月

◇げに
本当に

⓫一刻も千金
ひとときさえもとても価値のある

⓬リタルダンド
意味：だんだん遅く

⓭ア テンポ
意味：もとの速さで

テストに出る！ ココが要点

1 基本データ

(1) 作詞は武島羽衣，作曲は（❶　　　　）。

(2) ♩＝60～66，4分の2拍子，ト長調。

(3) 二部形式。

(4) 組歌「四季」の第１曲。第２曲以降は「納涼」「月」「雪」。「花」は，春の隅田川（東京都を流れる川）と桜の花の情景を歌った曲である。

2 歌詞を覚えよう

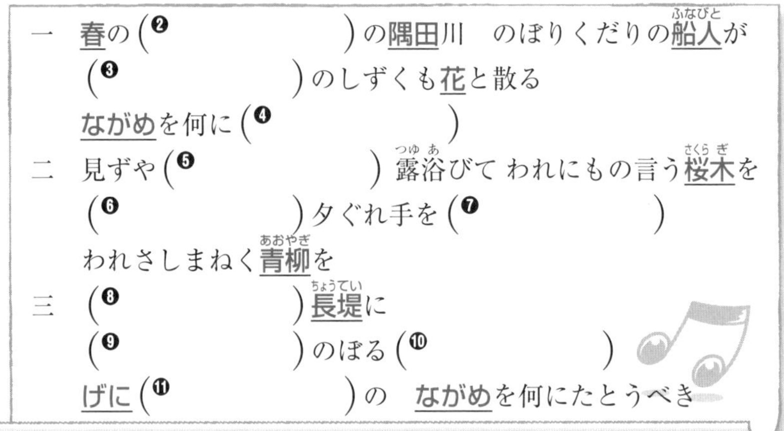

一　春の（❷　　　　）の隅田川　のぼりくだりの船人が
（❸　　　　）のしずくも花と散る
ながめを何に（❹　　　　）

二　見ずや（❺　　　　）露浴びて　われにもの言う桜木を
（❻　　　　）夕ぐれ手を（❼　　　　）
われさしまねく青柳を

三　（❽　　　　）長堤に
（❾　　　　）のぼる（❿　　　　）
げに（⓫　　　　）の　ながめを何にたとうべき

3 曲中のいろいろな記号

記号	*rit.*	*a tempo*
読み方	（⓬　　　　）	（⓭　　　　）

4 歌詞に合わせた旋律とリズムの変化

●この曲は，歌詞に合わせた旋律やリズムの変化が工夫されている。

旋律が異なる例

リズムが異なる例

満点ミッション の❶,❷…は，ココが要点 の❶,❷…の答えになります。

テストに出る！

予想問題 14 花

20分

/100点

1 次の問いに答えなさい。

5点×6〔30点〕

(1) この曲はある組歌の第１曲です。組歌の名称を答えなさい。（　　）

(2) 春夏秋冬のどの季節のことを歌っていますか。（　　）

(3) 何という川の情景を歌ったものですか。（　　）

(4) 作詞者を答えなさい。（　　）

(5) 作曲者と，「花」以外の代表作を１つ答えなさい。

作曲者（　　）　代表作（　　）

2 次の(1)，(2)に合う歌詞を，ア，イから選びなさい。

5点×2〔10点〕

(1)（　　）

(2)（　　）

ア　春のうららの　　イ　くるればのぼる

3 よく出る 次の意味をもつ言葉を，歌詞の中から抜き出して答えなさい。

5点×4〔20点〕

(1) 明け方（　　）

(2) 見てごらん（　　）

(3) 日が暮れると（　　）

(4) 本当に（　　）

4 よく出る 次の楽譜（がくふ）について，あとの問いに答えなさい。

5点×8〔40点〕

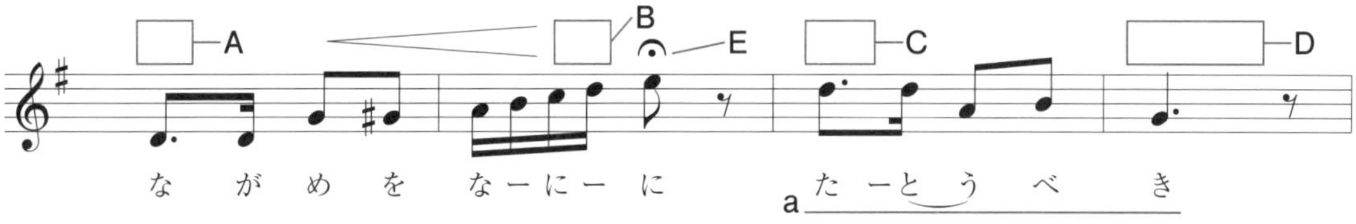

(1) 何分の何拍子ですか。（　　）

(2) ＡとＢに入るのは，*f* と *mf* のどちらですか。

Ａ（　　）　Ｂ（　　）

(3) ＣとＤに入るのは，*a tempo* と *rit.* のどちらですか。

Ｃ（　　）　Ｄ（　　）

(4) Ｅの記号の読み方と意味を答えなさい。

読み方（　　）　意味（　　）

(5) 下線部ａの意味を，ア～エから選びなさい。（　　）

ア たとえば　　イ するべき　　ウ たとえたらよいのだろうか　　エ たたえるべき

@ポイント攻略！　歌詞の意味や最後の*rit.*，𝄐，*a tempo* を確認しよう。➡ 3 4

解答 p.7

15 花の街

満点ミッション

❶江間章子
「夏の思い出」の作詞も手がけた詩人。

❷團伊玖磨
オペラ「夕鶴」，童謡「ぞうさん」などの作曲も手がけた作曲家。随筆家でもあった。

◇Moderato
モデラートと読む。
意味：中ぐらいの速さで

◇４分の２拍子
１小節の中に４分音符が２つ入る拍子。

◇ヘ長調
調号がこのようになる長調。

❸メッゾ ピアノ
意味：少し弱く

❹メッゾ フォルテ
意味：少し強く

❺フォルテ
意味：強く

❻デクレシェンド
意味：だんだん弱く

❼クレシェンド
意味：だんだん強く

クレシェンドとデクレシェンド，間違えないように注意しよう。

テストに出る！ ココが要点

1 基本データ

(1) 作詞は（❶　　　　　），作曲は（❷　　　　　）。

(2) 速度記号は ♩＝72～84・Moderato。

(3) ４分の２拍子，ヘ長調。

(4) 作詞者は，戦後に瓦礫の山となった日本に平和が訪れ美しい花の街が生まれることを夢みて，作詞をした。

2 歌詞を覚えよう

一　七色の谷を越えて
　流れて行く　風のリボン
　輪になって　輪になって
　駆けて行ったよ
　春よ春よと　駆けて行ったよ

二　美しい海を見たよ
　あふれていた　花の街よ
　輪になって　輪になって
　踊っていたよ
　春よ春よと　踊っていたよ

三　すみれ色してた窓で
　泣いていたよ　街の角で
　輪になって　輪になって
　春の夕暮れ
　ひとり寂しく　泣いていたよ

３番の「泣いていたよ 街の角で……」は，戦争で苦しみや悲しみを味わった人々のことを歌っているよ。

3 曲中のいろいろな記号

記号	*mp*	*mf*
読み方	（❸　　　）	（❹　　　）
記号	*f*	＞（デクレシェンド記号）
読み方	（❺　　　）	（❻　　　）
記号	＜（クレシェンド記号）　*cresc.*（*crescendo*）	
読み方	（❼　　　）	

満点ミッションの❶，❷…は，ココが要点の❶，❷…の答えになります。

解答 p.7

予想問題 15　花の街

🕘20分

/100点

1 次の楽譜について，あとの問いに答えなさい。　5点×8〔40点〕

mp ←A

1(　a　)　こ　え　て

(1) 何分の何拍子ですか。　(　　　)

(2) 作詞者を答え，その代表作をア～エから選びなさい。

作詞者(　　　)　代表作(　　)

ア　夏の思い出　　イ　早春賦　　ウ　浜辺の歌　　エ　荒城の月

(3) 作曲者を答え，その代表作をア～ウから選びなさい。

作曲者(　　　)　代表作(　　)

ア　赤とんぼ　　イ　オペラ「夕鶴」　　ウ　映画音楽「戦場のメリークリスマス」

(4) Aの記号の読み方と意味を答えなさい。

読み方(　　　)　意味(　　　)

(5) aにあてはまる歌詞を書きなさい。　(　　　)

2 よく出る　次の楽譜について，あとの問いに答えなさい。　6点×10〔60点〕

□—A　*cresc.*←E　F

わ　に　な　ーっ　て　わ　に　な　ーっ　て

□—B　□—C　G　□—D

(　a　)

(1) A～Dにあてはまる強弱記号を，ア～オから選びなさい。

A(　　)　B(　　)　C(　　)　D(　　)

ア　*p*　　イ　*mf*　　ウ　*f*　　エ　＜　　オ　＞

(2) Eと同じ意味をもつ強弱記号を，(1)のア～オから選びなさい。　(　　)

(3) Fにあてはまる休符をかきなさい。　(　　　)

(4) Gの記号の読み方を答えなさい。　(　　　)

(5) aにあてはまる，2番と3番の歌詞を書きなさい。

2番(　　　)　3番(　　　)

(6) この曲に込められた気持ちを，ア～ウから選びなさい。　(　　)

ア　昔を懐かしむ気持ち　　イ　平和を願う気持ち　　ウ　旅を楽しむ気持ち

@ポイント攻略!　強弱記号や，この歌が生まれた背景を確認しよう。➡**2**

解答 p.8

16 帰れソレントへ

満点ミッション

❶Moderato
モデラートと読む。
意味：中ぐらいの速さで

◇4分の3拍子(ひょうし)
1小節の中に4分音(おん)符(ぷ)が3つ入る拍子。

イタリア語の歌詞で，去って行った恋人に「ソレントへ帰って来てくれ」と歌っているんだよ。

❷ピアノ
意味：弱く

❸メッゾ フォルテ
意味：少し強く

❹クレシェンド
意味：だんだん強く

❺フェルマータ
意味：音符(休符)をほどよく延ばす

❻リタルダンド
意味：だんだん遅(おそ)く

❼ア テンポ
意味：もとの速さで

速さや調が途中(とちゅう)で変わる曲だよ。

テストに出る！ ココが要点

1 基本データ

(1) 作詞はG.(B.)デ クルティス，作曲は弟のE.デ クルティス。

(2) 速度記号は（❶　　　　）。

(3) 4分の3拍子。

2 歌詞を確認しよう

Vide'o mare quant'è bello! spira tantu sentimento,
comme tu a chi tiene mente, ca scetato'o faie sunnà.
Guarda, gua', chistu ciardino; siente, sie', sti sciure arance:
nu profumo accussi fino dinto'o core se ne va,
E tu dice. "I' parto, addio!"
T'alluntane da stu core, da la terra de l'ammore,
tiene'o core'e nun turnà?
Ma nun me lassà, nun darme stu turmiento!
Torna a Surriento, famme campà!

3 曲中のいろいろな記号

記号	*p*	*mf*
読み方	（❷　　　）	（❸　　　）
記号	（クレシェンド記号）	（フェルマータ記号）
読み方	（❹　　　）	（❺　　　）
記号	*rit.*	*a tempo*
読み方	（❻　　　）	（❼　　　）

4 同主調の転調

●ハ長調とハ短調は，主音が共通である。このように，主音が同じことを同主調(関係)という。

●「帰れソレントへ」では，曲の途中でハ短調からハ長調へ転調をしている。

主音が共通＝同主調(関係)

ハ長調

ハ短調

主音

満点ミッションの❶,❷…は，ココが要点の❶,❷…の答えになります。

解答 p.8

予想問題 16 帰れソレントへ

🕒20分

/100点

1 よく出る 次の楽譜(がくふ)について，あとの問いに答えなさい。 6点×5〔30点〕

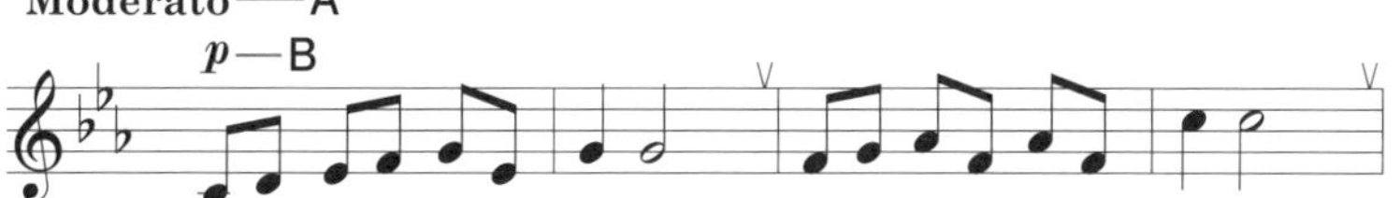

(1) 作曲者をア〜ウから選びなさい。 (　　)

ア G.ヴェルディ　イ E.デ クルティス　ウ A.ヴィヴァルディ

(2) 何分の何拍子ですか。 (　　)

(3) Aの記号の読み方と意味を答えなさい。

読み方(　　) 意味(　　)

(4) Bの記号の意味を答えなさい。 (　　)

2 次の楽譜について，あとの問いに答えなさい。 6点×7〔42点〕

(1) Aの記号の読み方と意味を答えなさい。

読み方(　　) 意味(　　)

(2) Bの記号の読み方と意味を答えなさい。

読み方(　　) 意味(　　)

(3) この曲は途中で転調しますが，何調から何調に変わりますか。

(　　)から(　　)

(4) (3)のような，主音が同じ短調と長調の関係を何といいますか。 (　　)

3 次の楽譜について，あとの問いに答えなさい。 7点×4〔28点〕

(1) Aの記号の読み方と意味を答えなさい。

読み方(　　) 意味(　　)

(2) Bの記号の読み方を答えなさい。 (　　)

(3) 「帰れソレントへ」の「帰れ」は何を意味しますか。ア〜ウから選びなさい。 (　　)

ア 帰ってきてくれ　イ 帰らないでくれ　ウ 帰りたい

@ポイント攻略! 速さや調の変化を確認しよう。➡ **2**

17 早春賦

満点ミッション

◇吉丸一昌
東京帝国大学(現在の東京大学)を卒業後,東京音楽学校(現在の東京芸術大学)の教授となり,「早春賦」をはじめとする多くの詩をつくった。

❶中田章
オルガン奏者としても活躍した。「夏の思い出」を作曲した中田喜直の父。

◇8分の6拍子
1小節の中に8分音符が6つ入る拍子。

❷時にあらずと
まだその時ではないと

❸角ぐむ
芽が出始める

❹さては時ぞと
もう春が来たのだなと

❺あやにく
あいにく

❻知らでありしを
知らないでいたものを

❼急かるる
せかされる

❽メッゾ フォルテ
意味:少し強く

❾フォルテ
意味:強く

❿ピアニッシモ
意味:とても弱く

⓫リタルダンド
意味:だんだん遅く

テストに出る! ココが要点

1 基本データ

(1) 作詞は吉丸一昌,作曲は(❶　　　　)。

(2) ♪=116,8分の6拍子,変ホ長調。

(3) 二部形式。

(4) 春の訪れを待つ気持ちを歌っている。

2 歌詞を覚えよう

一 春は名のみの　風の寒さや
谷の鶯　歌は思えど
(❷　　　　)　声も立てず
時にあらずと　声も立てず

二 氷解け去り　葦は(❸　　　　)
(❹　　　　)　思う(❺　　　　)
今日もきのうも　雪の空
今日もきのうも　雪の空

三 春と聞かねば　(❻　　　　)
聞けば(❼　　　　)　胸の思いを
いかにせよとの　この頃か
いかにせよとの　この頃か

3 曲中のいろいろな記号

記号	*mf*	*f*
読み方	(❽　　　　)	(❾　　　　)
記号	*pp*	*rit.*
読み方	(❿　　　　)	(⓫　　　　)

4 二部形式

● 2の1番の旋律は,このような関連性を持っている。

1行目	aとする	続く感じ
2行目	aと似た旋律(a')	終わる感じ
3行目	aと異なる旋律(b)	続く感じ
4行目	aと似た旋律(a')	終わる感じ

記号で表すとa−a' b−a'で,これを二部形式という。

満点ミッションの❶,❷…は,ココが要点の❶,❷…の答えになります。

予想問題 17 早春賦

⏱20分 /100点

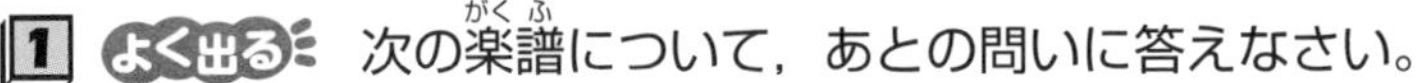

1 よく出る 次の楽譜(がくふ)について，あとの問いに答えなさい。 6点×9〔54点〕

(1) 何分の何拍子ですか。 (　　　　)

(2) 作詞者と作曲者をア～オから選びなさい。 作詞者(　　) 作曲者(　　)

ア 三木露風(みきろふう)　イ 中田章　ウ 江間章子(えましょうこ)　エ 中田喜直　オ 吉丸一昌

(3) 作曲者の息子で，「夏の思い出」の作曲を手がけたのは誰(だれ)ですか。(2)のア～オから選びなさい。 (　　)

(4) この曲の速さとして適切なものをア～エから選びなさい。 (　　)

ア ♪＝116　イ ♩＝120　ウ ♩＝116　エ ♪＝80

(5) Aに入る，「少し強く」という意味の記号をかきなさい。 (　　　　)

(6) a～cにあてはまる歌詞を書きなさい。

a(　　　　) b(　　　　) c(　　　　)

2 次の楽譜について，あとの問いに答えなさい。 5点×5〔25点〕

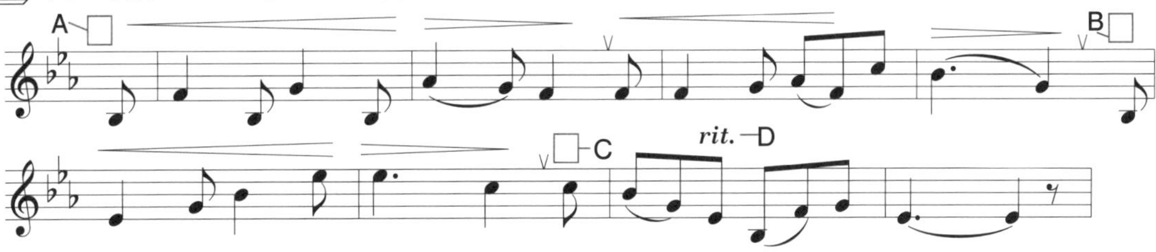

(1) A～Cにあてはまる強弱記号を，ア～ウから選びなさい。

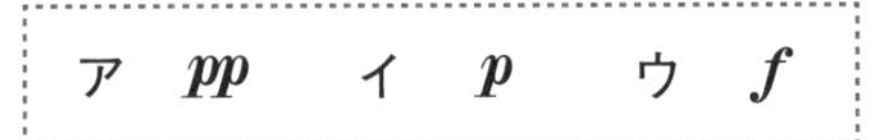

A(　　) B(　　) C(　　)

(2) Dの記号の読み方と意味を答えなさい。

読み方(　　　　) 意味(　　　　)

3 次の歌詞の意味を，ア～エから選びなさい。 7点×3〔21点〕

(1) 時にあらずと (　　)　(2) 角ぐむ (　　)　(3) あやにく (　　)

ア 芽が出始める　イ まだその時ではないと　ウ あいにく　エ せかされる

@ポイント攻略! 強弱の変化や歌詞の意味を確認しよう。➡ 2 3

解答 p.9

18 ふるさと

満点ミッション

◇4分の3拍子
1小節の中に4分音符が3つ入る拍子。

◇ヘ長調
調号がこのようになる長調。

❶かの
あの

❷忘れがたき
忘れられない

❸いかにいます
どうしているだろう

❹恙なしや
無事でいるだろうか

◇友がき
友達

❺思いいずる
思い出す

❻こころざしをはたして
心に決めた目的をなし遂げて

❼メッゾ フォルテ
意味：少し強く

❽フォルテ
意味：強く

❾フラット
意味：半音下げる

❿スラー
意味：高さの違う2つ以上の音符を滑らかに

⓫クレシェンド
意味：だんだん強く

⓬デクレシェンド
意味：だんだん弱く

テストに出る！ ココが要点

1 基本データ

(1) 作詞は高野辰之，作曲は岡野貞一。

(2) ♩＝80～88，4分の3拍子，ヘ長調。

2 歌詞を覚えよう

一 うさぎ追いし (❶　　　　) 山
小鮒釣りし　かの川
夢は今も　めぐりて
(❷　　　　) 故郷

二 (❸　　　　) 父母
(❹　　　　) 友がき
雨に風に　つけても
(❺　　　　) 故郷

三 (❻　　　　　　)
いつの日にか　帰らん
山はあおき　故郷
水は清き　故郷

「うさぎおいし」の「おいし」は，「追いかけた」という意味だよ。

3 曲中のいろいろな記号

記号	*mf*	*f*
読み方	(❼　　　)	(❽　　　)
記号	♭	(スラー)
読み方	(❾　　　)	(❿　　　)
記号	(クレシェンド記号)	(デクレシェンド記号)
読み方	(⓫　　　)	(⓬　　　)

4 いろいろな合唱形態と配置図(例)

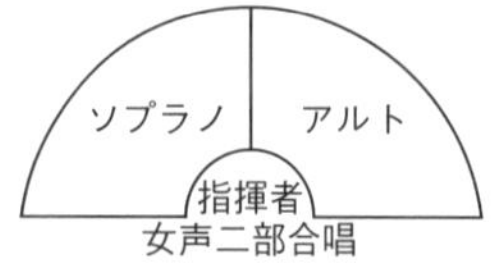

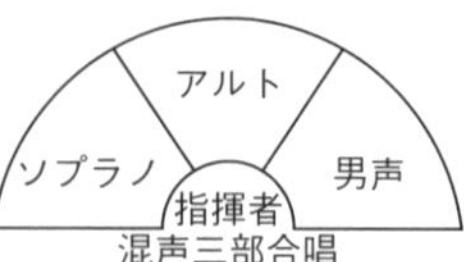

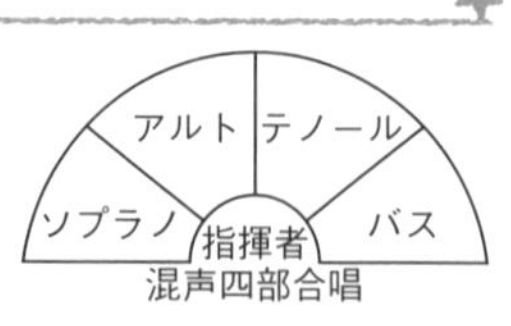

満点ミッションの❶,❷…は，ココが要点の❶,❷…の答えになります。

解答 p.9

予想問題 18 ふるさと

20分 /100点

1 よく出る 次の楽譜（がくふ）について，あとの問いに答えなさい。 5点×9〔45点〕

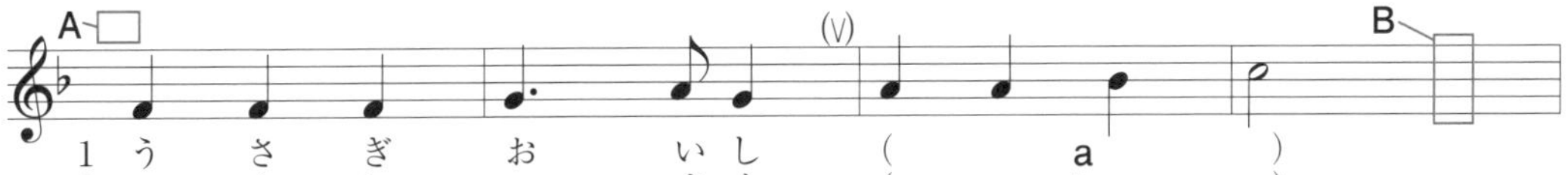

A□ (V) B

1 う さ ぎ お い し （ a ）
2 い か に い ま す （ b ）
3 こ こ ろ ざ し を （ c ）

(1) 何分の何拍子ですか。 （　　　）

(2) 作詞者と作曲者をア～エから選びなさい。 作詞者（　　） 作曲者（　　）

ア 中田章（なかだあきら）　イ 岡野貞一　ウ 山崎朋子（やまざきともこ）　エ 高野辰之

(3) この曲の速さとして適切なものをア～ウから選びなさい。 （　　）

ア ♩＝60　イ ♩＝80　ウ ♪＝68

(4) Aに入る，「少し強く」という意味の記号をかきなさい。 （　　　）

(5) Bにあてはまる休符をかきなさい。 （　　　）

(6) a～cにあてはまる歌詞を書きなさい。

a（　　　） b（　　　） c（　　　）

2 次の楽譜について，あとの問いに答えなさい。 5点×5〔25点〕

A (V) B C

(1) Aの記号の読み方を答えなさい。 （　　　）

(2) Bの音符の長さは，4分音符と何音符を合わせた長さですか。 （　　　）

(3) Cにあてはまる休符をかきなさい。 （　　　）

(4) この部分の1番と2番の歌詞を書きなさい。

1番（　　　） 2番（　　　）

3 次の歌詞の意味を，ア～キから選びなさい。 5点×6〔30点〕

(1) かの山 （　　）　(2) 忘れがたき （　　）　(3) いかにいます （　　）

(4) 恙なしや （　　）　(5) 友がき （　　）　(6) 思いいずる （　　）

ア 思い出す　イ 忘れられない　ウ あの山　エ 無事でいるだろうか
オ どうしているだろう　カ 友達　キ 心に決めた目的をなし遂げて

@ポイント攻略! 歌詞の意味や，強弱のつけ方を確認しよう。➡ 1 3

解答 p.9

19 Forever

満点ミッション

◇4分の4拍子
1小節の中に4分音符が4つ入る拍子。

◇ハ長調
調号が付かない長調。

強く歌うところに3連符が出てくるよ。強調して歌おう。

いろいろな3連符

♩ = 3連符（♪♪♪）

𝅗𝅥 = 3連符（♩♩♩）

❶フォルテ
意味：強く

❷メッゾ フォルテ
意味：少し強く

❸クレシェンド
意味：だんだん強く

❹デクレシェンド
意味：だんだん弱く

*D.S.*は「𝄋に戻る」，*D.C.*は「始めに戻る」という意味だよ。

テストに出る！ココが要点

1 基本データ

(1) 作詞・作曲は杉本竜一。

(2) ♩＝84～92，4分の4拍子，ハ長調。

2 歌詞を覚えよう

一　この森と大地が　緑にあふれる時
　生きる力と喜び　与えてくれる
　春になれば桜が　一面に咲き誇る
　一人一人の思いを　風につつんで
　僕らの夢が　遠くに見えるよ
　明日へ続くこの道　いま歩き始めた
※（季節をいくつもかさねて　翔び立つその時
　　全て輝いてること　Forever　信じて

二　この空と海とが　光にあふれる時
　生きる勇気と厳しさ　教えてくれる
　朝になれば陽が出て　夕になり沈みゆく
　幾千万もの命を　碧につむいで
　僕らの船が　錨を上げるよ
　潮風うけて漕ぎだす　あの遥かかなたへ
※くり返し

3 曲中のいろいろな記号

記号	*f*	*mf*
読み方	(❶　　　)	(❷　　　)
記号	＜	＞
読み方	(❸　　　)	(❹　　　)

● A B 𝄋 C D E F（Fine は D の後，D.S. は F の後）

上の楽譜を演奏する順序は，A→B→C→D→E→F→C→D。

● A 𝄆 B C（1.）D 𝄇（2.）E F

上の楽譜を演奏する順序は，A→B→C→D→B→E→F。

満点ミッションの❶,❷…は，ココが要点の❶,❷…の答えになります。

解答 p.9

予想問題 19 Forever

20分

/100点

1 よく出る 次の楽譜について，あとの問いに答えなさい。 6点×8〔48点〕

(1) 何分の何拍子ですか。 (　　　)

(2) 作詞・作曲者(同一人物)を答えなさい。 (　　　)

(3) Aに入る，「少し強く」という意味の記号をかきなさい。 (　　　)

(4) Bには，*D.S.*から戻ってくる場所を示す記号が入ります。ア～エから選びなさい。 (　　)

(5) Cにあてはまる休符をかきなさい。 (　　　)

(6) D，Eの記号の読み方を答えなさい。

D (　　　) E (　　　)

(7) aにあてはまる歌詞を書きなさい。 (　　　)

2 次の楽譜について，あとの問いに答えなさい。 6点×8〔48点〕

(1) A，Bの記号の読み方を答えなさい。

A (　　　) B (　　　)

(2) C，Eに入るのは，*mf* と *f* のどちらですか。

C (　　　) E (　　　)

(3) Dの音符の名前と，Dと同じ長さを1つの音符で表したときの音符の名前を答えなさい。

名前 (　　　) 1つの音符で表すと (　　)分音符

(4) Fの音符の名前と，4分音符いくつ分の長さになるかを答えなさい。

名前 (　　　) 4分音符 (　　)つ分

3 次の楽譜を，この曲で歌うように演奏するときの順序を答えなさい。 〔4点〕

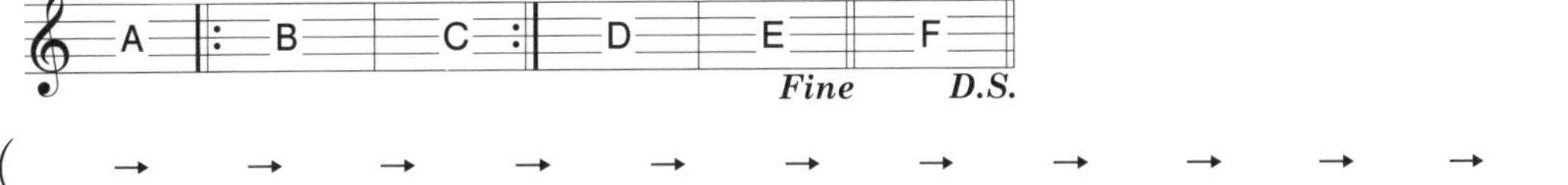

(→ → → → → → → → → → →)

@ポイント攻略! 歌詞やくり返しのしかたを確認しよう。➡ 1 3

解答 p.10

20 時の旅人

満点ミッション

◇4分の4拍子
1小節の中に4分音符が4つ入る拍子。

※この曲は，女声が途中で3つに分かれるところがありますが，問題は混声三部合唱として解きましょう。

❶フォルテ
意味：強く

❷テヌート
意味：音の長さをじゅうぶんに保って

❸スラー
意味：高さの違う2つ以上の音符を滑らかに

❹タイ
意味：隣り合った同じ高さの音符をつなぐ

❺リタルダンド
意味：だんだん遅く

❻アッチェレランド
意味：だんだん速く

❼メーノ モッソ
意味：今までより遅く

❽フェルマータ
意味：音符（休符）をほどよく延ばす

テストに出る！ ココが要点

1 基本データ

(1) 作詞は深田じゅんこ，作曲は橋本祥路。

(2) 4分の4拍子，混声三部合唱。

(3) ヘ長調→ニ短調→ニ長調→ト長調と転調をする。

2 歌詞を覚えよう

めぐる風　めぐる想いにのって
なつかしいあの日に　会いにゆこう　ぼくらは時の旅人
忘れかけていた日々　すべてのものが友達だった頃
汗をぬぐってあるいた道　野原で見つけた小さな花
幼い日の手のぬくもりが　帰ってくる
やさしい雨にうたれ　緑がよみがえるように
涙のあとには　いつも君がそばにいて
生きる喜びおしえてくれた
今，君といっしょに　未来への扉開こう
あふれる希望をうたおう
めぐる風　めぐる想いにのって
すばらしい明日に会いにゆこう
なつかしい明日に会いにゆこう
ぼくらは夢の旅人　ぼくらは時の旅人

3 曲中のいろいろな記号

記号	*f*	（テヌート付き四分音符）
読み方	（❶　　）	（❷　　）
記号	（スラーで結ばれた高さの違う2音）	（タイで結ばれた同じ高さの2音）
読み方	（❸　　）	（❹　　）
記号	*rit.*	*accel.*
読み方	（❺　　）	（❻　　）
記号	Meno mosso	𝄐
読み方	（❼　　）	（❽　　）

満点ミッションの❶，❷…は，ココが要点の❶，❷…の答えになります。

解答 p.10

予想問題 20 時の旅人

20分

/100点

1 よく出る 次の楽譜について，あとの問いに答えなさい。 7点×7〔49点〕

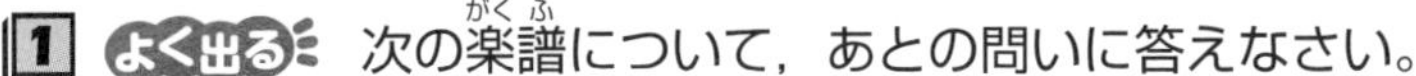

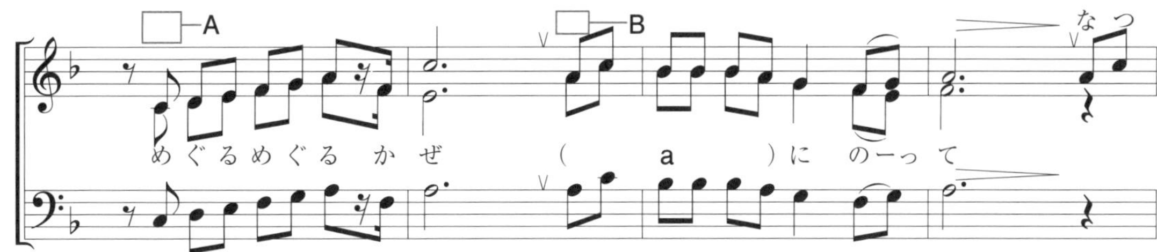

(1) 何分の何拍子ですか。 (　　　)

(2) 作詞者と作曲者をア～エから選びなさい。 作詞者(　　) 作曲者(　　)

ア 橋本祥路　イ 深田じゅんこ　ウ 杉本竜一　エ 山上路夫

(3) この曲の合唱形態を答えなさい。 (　　　)

(4) Aは「強く」，Bは「少し強く」歌います。A，Bにあてはまる記号をかきなさい。

A(　　　) B(　　　)

(5) aにあてはまる歌詞を書きなさい。 (　　　)

2 次の部分を歌っているのは，ソプラノ，アルト，男声のどれですか。 8点×3〔24点〕

(1)

(　　　)

(2)

(　　　)

(3)

(　　　)

3 次の楽譜について，あとの問いに答えなさい。 9点×3〔27点〕

(1) Aに入る，「だんだん遅く」という意味の記号をかきなさい。 (　　　)

(2) B，Cの記号の読み方を答えなさい。 B(　　　) C(　　　)

@ポイント攻略! 歌詞や，主旋律を歌うパートを確認しよう。➡ 1 2

解答 p.10

21 旅立ちの日に

満点ミッション

❶Moderato
モデラートと読む。
意味：中ぐらいの速さで

◇4分の4拍子
1小節の中に4分音符が4つ入る拍子。

❷メッゾ ピアノ
意味：少し弱く

❸メッゾ フォルテ
意味：少し強く

❹フォルテ
意味：強く

❺ピウ モッソ
意味：今までより速く

❻クレシェンド
意味：だんだん強く

いろいろな3連符

♩ ＝ 3連符（♪♪♪）

𝅗𝅥 ＝ 3連符（♩♩♩）

3連符の長さは間違えやすいので，注意しよう。

テストに出る！ココが要点

1 基本データ

(1) 作詞は小嶋登，作曲は坂本浩美。

(2) 速度記号は（❶　　　　）。

(3) 4分の4拍子，混声三部合唱。

2 歌詞を覚えよう

一　白い光の中に　山なみは萌えて
遥かな空の果てまでも　君は飛び立つ
限り無く青い空に　心ふるわせ
自由を駆ける鳥よ　ふり返ることもせず
勇気を翼にこめて希望の風にのり
このひろい大空に夢をたくして

二　懐かしい友の声　ふとよみがえる
意味もないいさかいに　泣いたあのとき
心かよったうれしさに　抱き合った日よ
みんなすぎたけれど　思い出強く抱いて
勇気を翼にこめて希望の風にのり
このひろい大空に夢をたくして

※（いま，別れのとき　飛び立とう未来信じて
弾む若い力信じて　このひろい　このひろい大空に

※くり返し

3 曲中のいろいろな記号

記号	*mp*	*mf*
読み方	（❷　　　　）	（❸　　　　）
記号	*f*	Più mosso
読み方	（❹　　　　）	（❺　　　　）
記号	＜（クレシェンド記号）	*cresc.*（*crescendo*）
読み方	（❻　　　　）	

● A｜B｜1. C｜D :｜2. E｜F

上の楽譜を演奏する順序は，A→B→C→D→A→B→E→F。

満点ミッションの❶,❷…は，ココが要点の❶,❷…の答えになります。

解答 p.10

予想問題 21 旅立ちの日に

20分

/100点

1 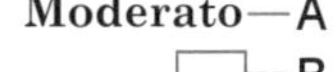 次の楽譜について，あとの問いに答えなさい。 7点×8〔56点〕

(1) 何分の何拍子ですか。 (　　　)

(2) 作詞者と作曲者をア～エから選びなさい。 作詞者(　　) 作曲者(　　)

ア 大木惇夫（おおきあつお） イ 小嶋登 ウ 坂本浩美 エ 松井孝夫（まついたかお）

(3) Aの記号の読み方と意味を答えなさい。

読み方(　　　) 意味(　　　)

(4) Bに入る，「少し弱く」という意味の記号をかきなさい。 (　　　)

(5) a，bにあてはまる歌詞を書きなさい。

a (　　　) b (　　　)

2 次の楽譜について，あとの問いに答えなさい。 7点×4〔28点〕

(1) この曲の合唱形態を答えなさい。 (　　　)

(2) Aの記号の読み方と意味を答えなさい。

読み方(　　　) 意味(　　　)

(3) Bの部分を歌うパート名を答えなさい。 (　　　)

3 次の楽譜について，あとの問いに答えなさい。 8点×2〔16点〕

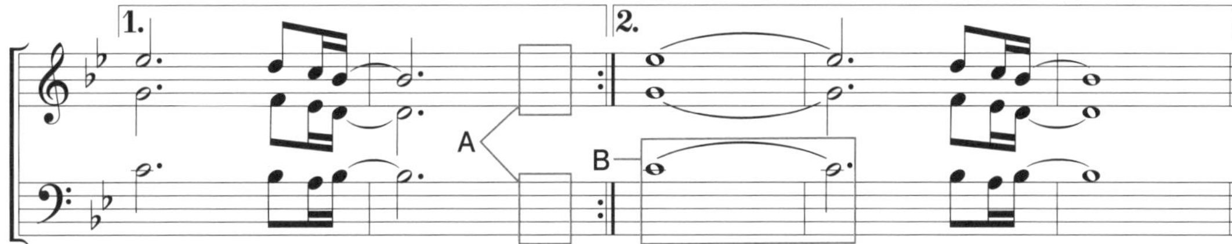

(1) Aにあてはまる休符をかきなさい。 (　　　)

(2) Bの部分は，4分音符いくつ分の長さですか。 (　　　)

@ポイント攻略！ 歌詞や，強弱のつけかたを確認しよう。➡ 1

22 指揮のしかた・歌いかた

満点ミッション

◇拍子（ひょうし）
単純拍子と複合拍子がある。

拍子

- 単純拍子
  $\frac{2}{4}$，$\frac{3}{4}$，$\frac{4}{4}$など
- 複合拍子
  $\frac{6}{8}$，$\frac{9}{8}$，$\frac{12}{8}$など

❶ソプラノ
女声でもっとも高い声域を受け持つ。混声四部合唱では，旋律を担当することが多い。

❷アルト
女声でもっとも低い声域を受け持つ。オペラでは，脇役（わきやく）を演じることが多い。

❸テノール
男声でもっとも高い声域を受け持つ。3大テノールも有名。

❹バス
男声でもっとも低い声域を受け持つ。オペラでは，王や僧侶（そうりょ）などを演じることが多い。

合唱のとき，きみはどのパートを歌っているかな？

テストに出る！ ココが要点

1 指揮と拍子

● 指揮者の役割

- ・拍子（3拍子，4拍子など）を示す。
- ・速度（♩＝60，Moderatoなど）を示す。
- ・強弱（*p*，＜など）を示す。
- ・出だしや終わりのタイミングを合わせる。
- ・曲の雰囲気（ふんいき）や表情を伝える。

● 指揮のしかたの例

2拍子

3拍子

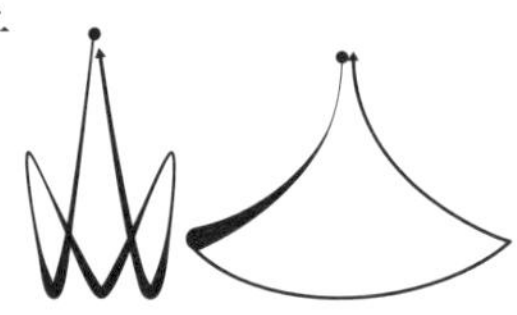

4拍子

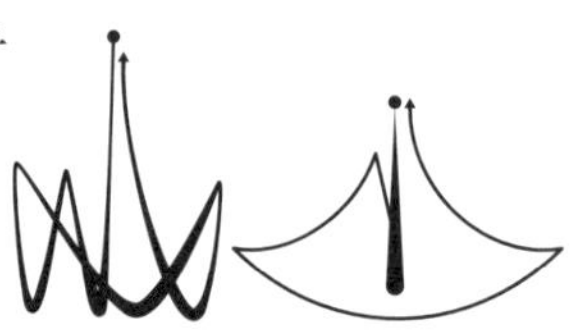

6拍子

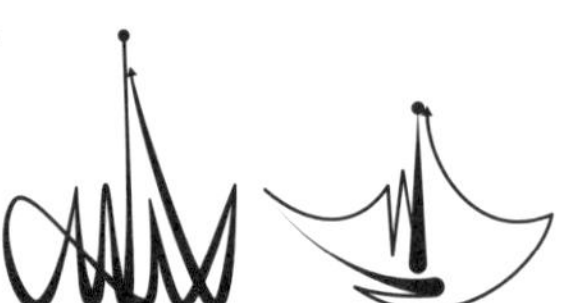

2 声の種類と声域

女声		男声	
高い	(❶　　　)	高い	(❸　　　)
↕	メッゾ ソプラノ	↕	バリトン
低い	(❷　　　)	低い	(❹　　　)

3 声楽の演奏形態

- ・独唱（ソロ）…１人で歌う。
- ・斉唱（ユニゾン）…２人以上で，同じ旋律（せんりつ）を一斉（いっせい）に歌う。
- ・合唱（コーラス）…複数の声部を，複数人で歌い合わせる。

● いろいろな合唱形態と配置例

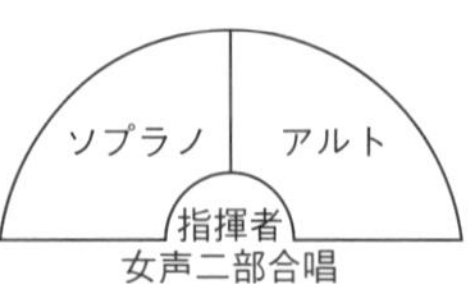

女声二部合唱

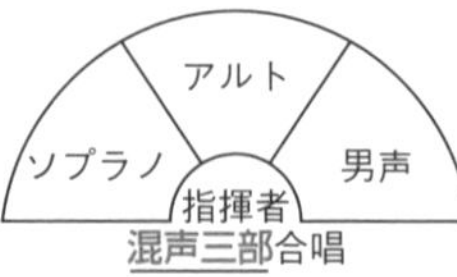

混声三部合唱

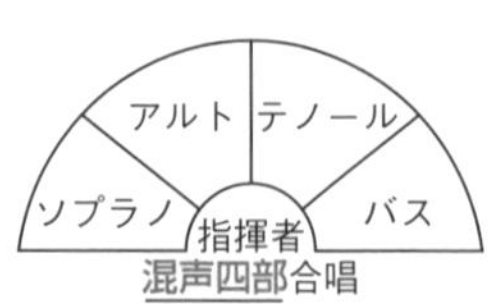

混声四部合唱

満点ミッションの❶,❷…は，ココが要点の❶,❷…の答えになります。

解答 p.10

予想問題 22　指揮のしかた・歌いかた

20分　/100点

1 よく出る 指揮について，次の問いに答えなさい。　9点×3〔27点〕

(1) 次のような指揮をするときは，何拍子ですか。ア〜ウから選びなさい。

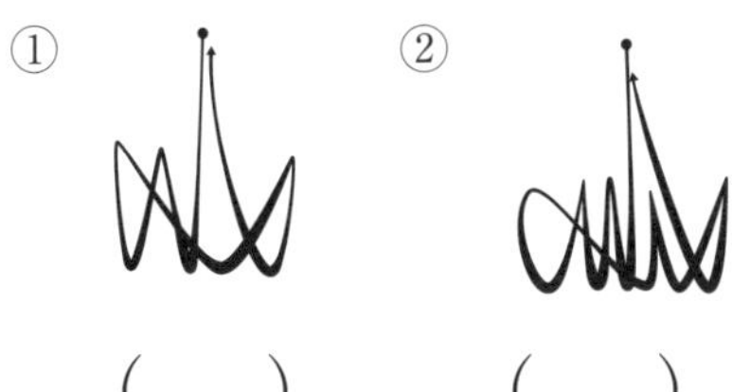

ア　4拍子　　イ　6拍子　　ウ　3拍子

①(　　)　②(　　)

(2) 指揮者の基本的な役割について，正しくないものをすべて選びなさい。(　　　　)

ア　速度を示す。
イ　指揮者個人の気持ちを伝える。
ウ　強弱を示す。
エ　出だしなどのタイミングを合わせる。
オ　練習の予定を立てる。

指揮者は，曲の雰囲気も演奏者に伝えるよ。

2 歌いかたについて，正しくないものをすべて選びなさい。　〔10点〕

(　　　　)

ア　背筋は少し丸める。
イ　視線は少し上向きにする。
ウ　肩の力を抜く。
エ　おなかだけに空気を入れる感じで吸う。
オ　両足はぴったりと閉じる。
カ　椅子(いす)の背に寄りかかる。

どういう風に歌えば，いい声が出るかな。

3 次のような合唱形態のときのパート名について，あいているところをうめなさい。

9点×4〔36点〕

(1) 女声三部合唱…ソプラノ，(　　　　　)，アルト
(2) 男声三部合唱…(　　　　　)，バリトン，バス
(3) 混声三部合唱…(　　　　　)，アルト，男声
(4) 混声四部合唱…ソプラノ，アルト，テノール，(　　　　　)

4 次の問いに答えなさい。　9点×3〔27点〕

(1) 独唱(ソロ)とは，何人で歌うことを表しますか。(　　　　)

(2) 「蛙(かえる)の合唱」などに代表される，同じ旋律を一定の間をおいて追いかけるように歌うことを何といいますか。ア〜ウから選びなさい。(　　)

ア　輪唱　　イ　重唱　　ウ　合唱

(3) 複数の声部を複数人で歌い合わせることを，何といいますか。

(　　　　)

@ポイント攻略！　拍子や合唱形態を確認しよう。➡ 1 3

1 春

満点ミッション

❶ **ヴィヴァルディ**
「協奏曲の父」と呼ばれる。非常に多くの協奏曲を書いた。協奏曲集「調和の霊感」も作曲した。

❷ **バロック**
17～18世紀頃の時代をさす。情緒表現を重視した，ドラマティックな音楽が書かれた。

◇ **協奏曲**
独奏楽器と合奏のための器楽曲。

◇ **通奏低音**
楽譜に書かれた低音パートの上に，即興で和音をつけて伴奏する方法。バロック時代によく用いられた。

❸ **チェンバロ**
16～18世紀に広く用いられた鍵盤楽器。小さな爪が，金属製の弦をはじくことで音が出る。

❹ **ソネット**
13世紀頃のイタリアに起源をもつ，14行の短い定型詩のこと。

テストに出る！ ココが要点

1 基本データ

(1) 作曲は（❶　　　　）。 (2) 時代は（❷　　　　）。

(3) 演奏形態は独奏**ヴァイオリン**と，**通奏低音**付きの**弦楽**合奏。

2 作曲者について

イタリアのベネツィアで生まれた。**協奏曲**の発展に重要な役割を果たした作曲家。

ヴァイオリンの名手であった彼は，ピエタ養育院で**音楽指導**を行いながら，生徒の演奏会用に膨大な数の**協奏曲**を作曲した。彼の協奏曲は，**バッハ**や**ヘンデル**をはじめとする同時代の作曲家たちに大きな影響を与えた。

3 曲について

- 「春」は「**和声と創意の試み**」（全12曲）のうち，最初の４曲をまとめた第１集「**四季**」の第１曲で，全**3**楽章からなる。
- 「春」第１楽章は，独奏を担当する**ヴァイオリン**と，**ヴァイオリン，ヴィオラ，チェロ，コントラバス**の弦楽合奏，**通奏低音**で演奏される。通奏低音は，鍵盤楽器の（❸　　　　）で演奏されることが多い。
- バロック時代に多く用いられた，**合奏**（通奏低音付き）と**独奏**が交互に現れながら進む，**リトルネッロ形式**で書かれている。
- 「春」の音楽は（❹　　　　）と呼ばれる**短い詩**に基づいて，その情景を描写しながら，自然の音をさまざまな楽器で的確に模写して書かれている。
- **ソネットと音楽**

①**春**が陽気にやってきた。
②**小鳥**は楽しい**歌**で，春にあいさつする。
③そよ**風**が吹き，**泉**はやさしくささやきながら流れていく。
④**黒雲**が空を覆い，稲妻と**雷鳴**が春の訪れを告げる。
⑤嵐がやむと，**小鳥**は再び楽しそうに歌い出す。

・①と②の楽譜の一部

解答 p.11

予想問題 1 春

20分

/100点

1 次の問いに答えなさい。
5点×9〔45点〕

(1) 作曲者を答えなさい。 (　　)

(2) 作曲者の生まれた国を答えなさい。 (　　)

(3) 作曲者が活躍した時代を答えなさい。 (　　)

(4) 作曲者と同時代に活躍した作曲家2人を，ア～エから選びなさい。 (　　) (　　)

ア ヘンデル　イ ハイドン　ウ ベートーヴェン　エ バッハ

(5) 「和声と創意の試み」第1集「四季」は(A)曲で構成され，「春」はその(B)曲めで，(C)楽章からなります。A～Cにあてはまる数を答えなさい。

A (　　) B (　　) C (　　)

(6) この曲のように，「合奏と独奏が交互に現れながら進んでいく形式」を何といいますか。

(　　)

2 次の問いに答えなさい。
5点×5〔25点〕

(1) 「春」のような，独奏楽器と合奏のための器楽曲を何と呼ぶか，答えなさい。

(　　)

(2) 「春」の演奏に使う4種類の主な弦楽器のうち，チェロとコントラバス以外の2種類の名前を音域の高い順に答えなさい。 (　　)(　　)

(3) 「春」の演奏によく使われる，ピアノに似た鍵盤楽器の名前を答えなさい。

(　　)

(4) 楽譜に書かれた低音パートの上に，和音を加えながら伴奏する方法のことを何と呼ぶか，答えなさい。 (　　)

3 よく出る 次の問いに答えなさい。
5点×6〔30点〕

(1) 「春」につけられた14行の詩を何と呼ぶか，答えなさい。 (　　)

(2) 「春が陽気にやってきた」という部分を表す楽譜は，ア，イのどちらですか。 (　　)

ア　イ

(3) 「春」につけられたソネット(詩)の一部について，A～Dにあてはまる言葉をア～エから選びなさい。

①(A)は楽しい歌で，(B)にあいさつする。

②(C)が空を覆い，稲妻と(D)が春の訪れを告げる。

A (　　)
B (　　)
C (　　)
D (　　)

ア 黒雲　イ 小鳥　ウ 雷鳴　エ 春

@ポイント攻略！ 登場する楽器や，どの部分が何を表しているかを確認しよう。➡ 2 3

2 魔王 －Erlkönig－

満点ミッション

❶シューベルト
「歌曲の王」と呼ばれる。「野ばら」,「菩提樹」,「ピアノ五重奏曲『ます』」,「未完成交響曲」などが有名。

❷ゲーテ
ドイツを代表する文学者。フランクフルトで生まれた。詩や小説，戯曲などに数多くの名作を残した。ベートーヴェンをはじめ多くの作曲家が彼の詩に作曲した。

❸リート
ドイツ語による歌曲のこと。

4人の登場人物の歌いかたの違いや，声の特徴を理解しよう。

テストに出る！ ココが要点

1 基本データ

(1) 作曲は(❶　　　　　　　)，作詞は(❷　　　　　　　)。
(2) 時代は前期**ロマン**派。
(3) **独唱**とピアノで演奏。

2 作曲者について

オーストリアのウィーン郊外で生まれた。31年の生涯で600曲以上の(❸　　　　　　)を作曲した。18歳のときに「魔王」を作曲。**ピアノ**曲や管弦楽曲，室内楽曲なども残した。

3 曲について

- 嵐の夜に馬で疾走する**父**と**子**，**子**を誘惑する**魔王**，その様子を語る**語り手**の，4人の登場人物が現れる。**子**は**魔王**の姿と声におびえて**父**に訴えるが，**父**に**魔王**の姿は見えない。**子**のただならぬ様子に**父**は馬を急がせるが，宿に着くと**子**はすでに息絶えていた。
- **1人**の歌手が**4人**の登場人物を歌い分ける。
- **ピアノ**伴奏が歌と一体となって，歌詞の内容を表現する。

4 登場人物の歌いかた・声の高さ

- **語り手**：曲の**最初**と**最後**の2回現れ，物語の流れを説明する。声の高さは歌詞の内容で上下する。
- **父**：**低い**声で子をさとすように歌う。
- **子**：4回現れ「お父さん(mein Vater)」と呼びかける。おびえたように歌い，恐怖が増すにつれ声が**高く**なる。

(1回め)　　　(4回め)

- **魔王**：**始め**は優しい声で子を誘惑するが，**最後**は荒々しい歌いかたで子を死の世界へ連れ去る。

5 リートとピアノ伴奏について

ドイツ語による歌曲であるリートでは，ピアノ伴奏が非常に重要で，歌と対等の関係にある場合が多い。シューベルトは，詩の内容や登場人物の性格描写をピアノにも委ね，的確に表現している。

解答 p.12

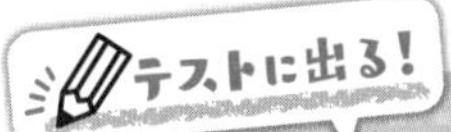

予想問題 2 魔王 −Erlkönig−

20分

/100点

1 次の問いに答えなさい。

6点×5〔30点〕

(1) 作詞者を答えなさい。 (　　　)

(2) 作曲者を答えなさい。 (　　　)

(3) 「魔王」のようなドイツ語による歌曲を何というか答えなさい。 (　　　)

(4) (1)の生まれた国を答えなさい。 (　　　)

(5) (2)の生まれた国を答えなさい。 (　　　)

2 よく出る 次の問いに答えなさい。

5点×12〔60点〕

(1) 「魔王」の登場人物のうち，語り手以外の３人を答えなさい。

(　　　)(　　　)(　　　)

(2) この曲の歌詞の内容について，正しいものに○，正しくないものに×を書きなさい。

① 父には魔王の姿が見えているが，子には見えていない。 (　　)

② 父は子を抱(だ)いて馬に乗っている。 (　　)

③ 魔王は始め，子に甘い言葉で誘惑(ゆうわく)する。 (　　)

④ 宿に着くと父は息絶えてしまった。 (　　)

(3) ①～④の歌いかたをする人物を答えなさい。

① 中音域で物語の内容を説明する。　② 高音域でおびえたように歌う。

③ 低音域でなだめるように歌う。　④ 始めは優しく，後半は脅(おど)すように歌う。

①(　　　) ②(　　　)

③(　　　) ④(　　　)

(4) 子の声の高さは，４回登場する中でどのように変化するか，ア～ウから選びなさい。

(　　)

ア 少しも変化しない。　イ 少しずつ高くなる。　ウ 少しずつ低くなる。

3 「魔王」の前奏部分です。A，Bが表している様子を，ア～ウから選びなさい。

5点×2〔10点〕

A

B

A (　　)

B (　　)

ア 風が吹く様子　イ 子が泣き叫(さけ)ぶ様子　ウ 馬が疾走する様子

@ポイント攻略！ 登場人物やストーリーを確認しよう。➡ 2

解答 p.12

3 箏曲「六段の調」

満点ミッション

❶箏
奈良時代に中国から伝来し，日本を代表する弦楽器の１つとして発展。引き色・押し手・後押しなど，さまざまな奏法がある。

❷段物
いくつかの部分（段）によって構成された，歌の入らない器楽曲。「調べ物」ともいう。

❸八橋検校
江戸時代の作曲家。三味線の演奏家でもある。「乱輪舌」なども作曲した。

◇雅楽
舞楽・管絃，神楽歌・東遊などさまざまな種類がある，約1300年の歴史をもつ芸能。「越天楽」などが有名。

◇三味線
江戸時代に庶民の楽器として広く親しまれるようになった，３本の弦を持つ弦楽器。

◇検校
目の不自由な音楽家などでつくられた組織の最高位。

テストに出る！ ココが要点

1 基本データ

(1) （❶　　　　　）のための器楽曲。

(2) 箏曲の（❷　　　　　）の代表的な曲。

(3) （❸　　　　　）が作曲したと伝えられている。

2 箏について

奈良時代に中国から伝来した。当初は主に雅楽の合奏の中で演奏されていたが，その後**箏の伴奏による歌**がつくられるようになり，発展していった。

●各部の名称

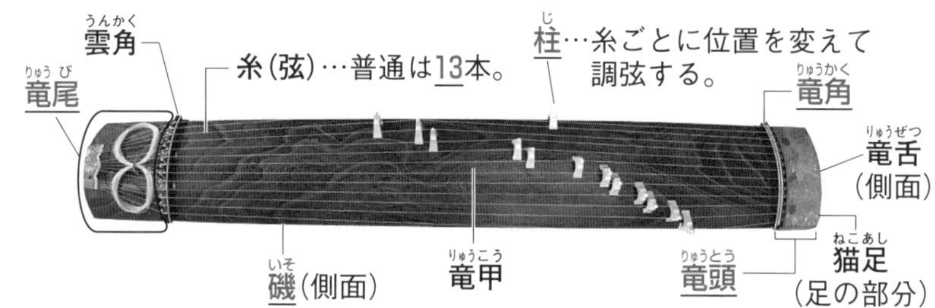

●この曲の調弦

平調子という調弦のしかたが用いられている。八橋検校が確立したといわれる。

（一をホ音にした場合）

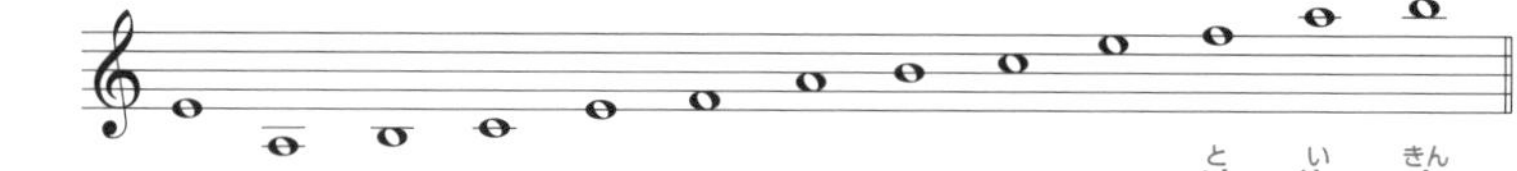

糸の名称　一　二　三　四　五　六　七　八　九　十　斗　為　巾

●流派と爪

箏を弾くときは右手の**親指・人さし指・中指**に爪をはめる。

流派によって，用いる爪の形が異なる。

角爪（生田流）　丸爪（山田流）

3 八橋検校について

現在の**福島県いわき市**に生まれたといわれている。大坂（現在の大阪）で三味線の演奏家として活躍したのち江戸で箏を学んだ。25歳頃には検校となり，箏曲を発展させた。

4 速度の変化について

この曲は，緩やかな速度で始まり，しだいに速くなり，最後の部分で速度を緩めて終わる。このような速度の変化をする形式の区分のことを序破急という。

満点ミッションの❶，❷…は，ココが要点の❶，❷…の答えになります。

解答 p.12

テストに出る！

予想問題 3 箏曲「六段の調」

20分

/100点

1 次の問いに答えなさい。 4点×5〔20点〕

(1) この曲に使われる独奏楽器を答えなさい。 (　　　)

(2) 箏の糸の数は，普通何本ですか。 (　　　)

(3) この曲で使用する調弦の名称を答えなさい。 (　　　)

(4) この曲を作曲したといわれている人物を答えなさい。 (　　　)

(5) 生田流で使用する爪は，角爪と丸爪のどちらですか。 (　　　)

2 よく出る 箏の各部の名称A～Eを書きなさい。 4点×5〔20点〕

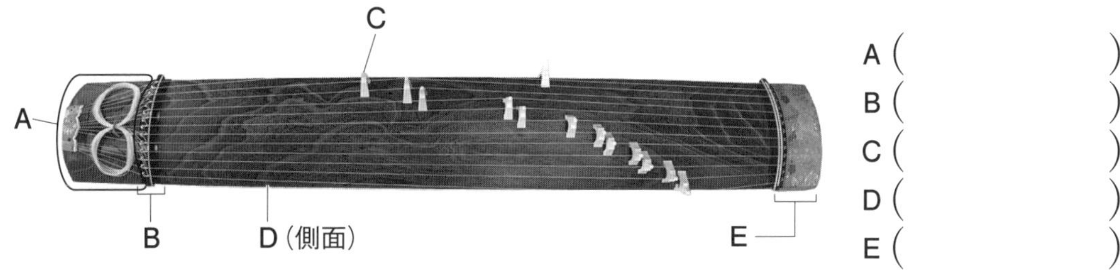

A (　　　)
B (　　　)
C (　　　)
D (　　　)
E (　　　)

3 箏について，次の問いに答えなさい。 5点×7〔35点〕

(1) 13本の糸のうち，奏者側に近い3本の糸の名前を答えなさい。

(　　)(　　)(　　)

(2) 箏は右手に爪をはめて弾きますが，はめる指を3本答えなさい。

(　　　)(　　　)(　　　)

(3) 左手で糸をつまんで，柱の方に引き寄せる奏法を何といいますか。 (　　　)

4 次の「六段の調」に関する文章について，あとの問いに答えなさい。 5点×5〔25点〕

> 箏は(A)時代に(B)大陸から伝わった楽器で，当初は雅楽に使われていたが，江戸時代に a 八橋検校が大きな功績を残した。この曲は6つの部分からなり，このような形は(C)と呼ばれている。また，b 序破急という日本の伝統芸能に多く見られる特徴(とくちょう)を見ることができる。

(1) A～Cにあてはまる言葉を答えなさい。

A (　　　)　B (　　　)　C (　　　)

(2) 下線部aの読み方を書きなさい。 (　　　)

(3) 下線部bのもつ特徴として正しいものを，ア，イから選びなさい。 (　　)

ア　ゆっくり始まって，しだいに速くなり，緩やかに終わる。

イ　速く始まって，しだいに緩やかになり，速く終わる。

@ポイント攻略！ 箏の各部の名称や弾き方を確認しよう。➡ 2 3

解答 p.13

4 フーガ ト短調

満点ミッション

❶ J.S.バッハ
1000曲以上の作品を残した作曲家。ヴィヴァルディ，ヘンデルなどと同じバロック時代に活躍（かつやく）した。代表作に「トッカータとフーガ ニ短調」「2声のインヴェンション」などがある。

❷ フーガ
主題を追いかけるように次々に加わる他の声部により，繰（く）り返されながら発展していく形式。

フーガは，イタリア語で「逃（に）げる」という意味なんだよ。

◇独奏
ソロともいう。1人で演奏すること。

❸ パイプオルガン
パイプに空気を送って音を出す鍵盤（けんばん）楽器。多いものでは5000本以上のパイプをもつものもある。

テストに出る！ ココが要点

1 基本データ

(1) 作曲は（❶　　　　　　）。
(2) 曲の形式は（❷　　　　　　）。
(3) 演奏形態は**パイプオルガン**による**独奏**。
(4) 彼の作曲した同じト短調の「**幻想曲（げんそうきょく）とフーガ ト短調**」と区別するために，「**小フーガ**」の愛称（あいしょう）でも親しまれている。

2 作曲者について

1685年**ドイツ**の**アイゼナハ**に生まれた。数十人の音楽家を生み出している家系で，**兄**から**オルガン（鍵盤楽器）**の基礎（きそ）を教わった。

宮廷（きゅうてい）や**教会**に仕え演奏家として活躍する一方，作曲家として**宗教音楽**や器楽曲などを作曲した。後世の音楽家に大きな影響を与えたことから，**音楽の父**と呼ばれている。

3 曲について

● （❸　　　　　　）によって演奏される。
● 始めに**主題**が示され，他の声部が次々と加わり，繰り返されながら発展していく，**フーガ**という形式。この曲は**4**つの声部からなる。**主題と応答は別の調**で提示される。

主題（ト短調）
応答（ニ短調）

4 パイプオルガンについて

奏者が鍵盤を押（お）すと，パイプに**空気**が送り込（こ）まれて音が出る。

音の高さはパイプの長さによって，**音色**はパイプの材質や構造によって変化する。

鍵盤の横には**ストップ（ストップレバー）**と呼ばれる装置があり，これによって**音色**を変化させることができる。

パイプオルガン各部の名称

満点ミッションの❶，❷…は，ココが要点の❶，❷…の答えになります。

解答 p.13

予想問題 4 フーガ ト短調

20分

/100点

1 次の問いに答えなさい。　4点×3〔12点〕

(1) 作曲者を答えなさい。　(　　　　　)

(2) 作曲者の生まれた国を答えなさい。　(　　　　　)

(3) 作曲者が活躍した時代を答えなさい。　(　　　　　)

2 よく出る 次の問いに答えなさい。　8点×8〔64点〕

ア 主題 ソプラノ	イ 応答 アルト	ウ 主題 （ B ）	エ （ A ） バス

(1) 「フーガ ト短調」は上の図のように，最初に提示される主題に他の声部が加わって，からみ合いながら展開していきます。このような形式のことを何といいますか。

(　　　　　)

(2) Aにあてはまるのは，主題と応答のどちらですか。　(　　　　　)

(3) Bにあてはまる言葉を答えなさい。　(　　　　　)

(4) 次の①～④は，上の図のア～エの出だしの楽譜(がくふ)です。それぞれどの部分のものか答えなさい。

① (　　)　② (　　)

③ (　　)　④ (　　)

(5) この曲は，アとウ，イとエがそれぞれ同じ調で，イとエはニ短調です。アとウは何調ですか。　(　　　　　)

3 パイプオルガンについて，次の問いに答えなさい。　6点×4〔24点〕

(1) この楽器の音の出る原理を，ア～ウから選びなさい。　(　　)

> **ア**　内部にある弦をこするときの振動によって音が出る。
> **イ**　パイプに空気が送られることで音が出る。
> **ウ**　鍵盤を叩くことで鍵盤自体から音が出る。

(2) パイプの長さの違いは，音の何に関係がありますか。　(　　　　　)

(3) ストップ(ストップレバー)によって，何を変化させることができますか。

(　　　　　)

(4) パイプオルガンは現在コンサートホールでよく目にすることができますが，元々はある宗教の礼拝で用いられていた楽器です。宗教の名前を答えなさい。　(　　　　　)

@ポイント攻略！　フーガやパイプオルガンのしくみを確認しよう。➡ **2** **3**

5 交響曲第5番 ハ短調

満点ミッション

❶ベートーヴェン
古典派の音楽を完成させ，続くロマン派の音楽に大きな影響を与えた作曲家。優れた業績を残したことから「楽聖」と呼ばれている。

❷交響曲
シンフォニーともいう。多楽章からなるオーケストラのための曲で，ソナタ形式の楽章を含むものが多い。

ベートーヴェンの交響曲は第３番が「英雄」，第６番が「田園」，第９番が「合唱付き」とも呼ばれているよ。

◇ピアノ ソナタ
ピアノ独奏によるソナタのこと。ベートーヴェンの３大ピアノ ソナタは「悲愴」「月光」「熱情」。

❸動機
音楽を構成する単位として，最も小さなまとまり。

テストに出る！ ココが要点

1 基本データ

(1) 作曲は（❶　　　　　）。
(2) 曲の形式は（❷　　　　　）。
(3) オーケストラ（管弦楽）によって演奏される。
(4) ハイドンやモーツァルトと同じ時代に活躍。古典派～ロマン派。

2 作曲者について

ドイツのボンで生まれる。音楽家の父から音楽を学ぶ。21歳のときにウィーンへ出てピアノ奏者として活躍しながら作曲を学ぶ。

20代後半から耳に異常を感じ始め，聴力をほとんど失ってしまう。一時は苦しみのあまり遺書まで書いたが強い精神力で乗り越え，56歳で亡くなるまで，９曲の交響曲や32曲のピアノ ソナタなど，作品を書き続けた。

3 曲について

- ベートーヴェンが37～38歳のときの作品。
- 全４楽章のうち，第１楽章と第４楽章がソナタ形式。
- ソナタ形式

提示部	展開部	再現部	コーダ（終結部）
主題の提示	主題の展開	主題が再び現れる	最後を締めくくる

- $\frac{2}{4}$ というリズムをもつ（❸　　　　　）について，ベートーヴェン自身が「このように運命は扉をたたく」と語ったといわれていることから，日本では「運命」の名称で広く親しまれている。

4 オーケストラの楽器について

木管楽器	ピッコロ，フルート，クラリネット，オーボエ，イングリッシュホルン，ファゴット
金管楽器	トランペット，ホルン，トロンボーン，チューバ
弦楽器	ヴァイオリン，ヴィオラ，チェロ，コントラバス
打楽器	ティンパニ，シンバル

※この曲では登場しない楽器も含んでいます。

満点ミッションの❶，❷…は，ココが要点の❶，❷…の答えになります。

解答 p.13

予想問題 5 交響曲第5番 ハ短調

20分

/100点

1 次の問いに答えなさい。 5点×5〔25点〕

(1) 作曲者を答えなさい。 (　　　)

(2) 作曲者の生まれた国を答えなさい。 (　　　)

(3) この曲は日本で何と呼ばれていますか。漢字2文字で答えなさい。 (　　　)

(4) この曲のように，複数の楽章からなりソナタ形式をふくむことの多いオーケストラのための曲を何といいますか。 (　　　)

(5) この曲の演奏形態を答えなさい。 (　　　)

2 次の問いに答えなさい。 5点×2〔10点〕

(1) 右の楽譜(がくふ)の部分は，「音楽を構成する単位として，最も小さなまとまり」です。これを漢字2文字で何といいますか。 (　　　)

Allegro con brio

ff

(2) この曲は，全何楽章ですか。 (　　　)

3 よく出る 次の問いに答えなさい。 5点×5〔25点〕

ア　コーダ(終結部)	イ　(A)部…主題が提示される
ウ　(B)部…主題が再び現れる	エ　(C)部…主題が展開される

(1) 「交響曲第5番 ハ短調」は，第1楽章と第4楽章がある形式をとっています。何という形式ですか。 (　　　)

(2) (1)の形式について，上のA～Cにあてはまる言葉を答えなさい。

A (　　　) B (　　　) C (　　　)

(3) 上のア～エを，「交響曲第5番 ハ短調」第1楽章に現れる順に並べ替えなさい。

(　→　→　→　)

4 オーケストラで使われる楽器について，楽器の名前と分類(木管楽器・金管楽器・弦楽器・打楽器)を答えなさい。 5点×8〔40点〕

(1) 名前(　　　) 分類(　　　)

(2) 名前(　　　) 分類(　　　)

(3) 名前(　　　) 分類(　　　)

(4) 名前(　　　) 分類(　　　)

@ポイント攻略！ ソナタ形式や，オーケストラについて確認しよう。➡ 3 4

解答 p.14

6 アイーダ

満点ミッション

❶ヴェルディ
「椿姫」など数多くのオペラを残した。イタリア オペラ界の中心人物。

❷オペラ
音楽を中心に，文学・演劇・美術・舞踊などの要素が結びついた総合芸術。

オペラの上演にはたくさんの人が必要なんだよ。

❸エジプト
この物語の舞台になる地。「アイーダ」は，スエズ運河の開通を記念して首都カイロに建てられた歌劇場で上演するために作られた。

声の種類

女声	
ソプラノ	高
メッゾ ソプラノ	↕
アルト	低
男声	
テノール	高
バリトン	↕
バス	低

テストに出る！ ココが要点

1 基本データ

(1) 作曲は（❶　　　　　　）。

(2) 総合芸術である（❷　　　　　　）に分類される。

(3) 古代（❸　　　　　　）を舞台にした，悲劇である。

2 作曲者について

イタリア北部の小さな村に生まれた。幼い頃は音楽の専門的な教育をじゅうぶんに受けられなかったが，10歳の時に地元の音楽学校の校長に見いだされ，指導を受けるようになる。

18歳でミラノに出て作曲を学び，25歳の頃最初のオペラを作曲し，その後，「ナブッコ」「リゴレット」「椿姫」など数々の名作を世に送り出した。

3 オペラについて

- 歌劇ともいう。歌を中心に，通常オーケストラを伴って上演される。オーケストラは，オーケストラ ピットで演奏をする。
- オペラは16世紀末，イタリアのフィレンツェで生まれた。オペラの有名な作品には，プッチーニ「蝶々夫人」，ワーグナー「タンホイザー」，ビゼー「カルメン」などがある。

4 「アイーダ」について

- ストーリー

①エジプトの将軍ラダメス（テノール）は，捕らえられている敵国エチオピアの王女アイーダ（ソプラノ）と恋に落ちている。

②エチオピアとの戦いに勝利したエジプト軍が凱旋し，兵士や民衆が喜び合う。

③父アモナズロ（アモナスロ）（バリトン）に命じられたアイーダは，ラダメスからエジプト軍の機密を聞き出そうとするが，その現場をアムネリス（メッゾ ソプラノ）たちに目撃され，ラダメスは捕らえられてしまう。

④地下牢に閉じ込められたラダメスは，そこでアイーダと再会する。２人は永遠の愛を誓いながら息絶える。

- 「アイーダ」の凱旋の場では，右の写真のような，長い形をしたトランペットで演奏される。

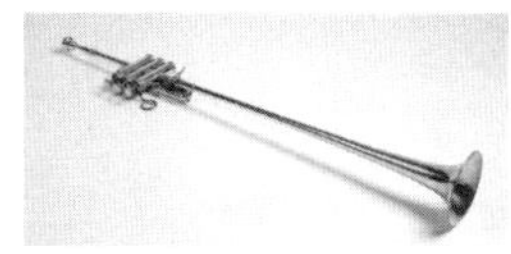

満点ミッション の❶,❷…は，ココが要点 の❶,❷…の答えになります。

解答 p.14

予想問題 6 アイーダ

🕒20分　/100点

1 作曲者について，次の問いに答えなさい。　6点×4〔24点〕

イタリアの紙幣（しへい）にも描かれていた人なんだよ。

(1) 名前を答えなさい。（　　）
(2) 生まれた国を答えなさい。（　　）
(3) 作曲したオペラを，「アイーダ」以外で２つ答えなさい。
（　　）（　　）

2 オペラについて，次の問いに答えなさい。　4点×7〔28点〕

(1) オペラで演奏をするオーケストラは，ステージ前の図のような場所で演奏をします。この場所のことを何といいますか。
（　　）

ステージ　オーケストラ　観客席

(2) ①～④はオペラの名作です。この作品の作曲者を，**ア**～**エ**から選びなさい。
① 椿姫（　）　② カルメン（　）　③ タンホイザー（　）　④ 蝶々夫人（　）

ア ヴェルディ　**イ** プッチーニ　**ウ** ビゼー　**エ** ワーグナー

(3) 次の声の種類について，声域が高い方を答えなさい。
① メッゾ ソプラノ，ソプラノ（　　）　② バリトン，バス（　　）

3 よく出る 「アイーダ」のストーリーについて，次の問いに答えなさい。　6点×8〔48点〕

(1) この物語の舞台は「古代○○○○」です。○○に入るカタカナ４文字を答えなさい。
（　　）
(2) この物語は喜劇ですか，悲劇ですか。（　　）
(3) 次の登場人物の声の種類を，**ア**～**オ**から選びなさい。
① ラダメス（　）　② アイーダ（　）　③ アムネリス（　）　④ アモナズロ（　）

ア ソプラノ　**イ** メッゾ ソプラノ　**ウ** テノール　**エ** バリトン　**オ** バス

(4) 次の２人の関係を答えなさい。
① アイーダとラダメス（　　）　② アイーダとアモナズロ（　　）

@ポイント攻略！ 登場人物やストーリーを確認しよう。➡**3**

7 歌舞伎「勧進帳」

満点ミッション

◇**四世杵屋六三郎**
江戸時代の長唄三味線方の家元。「勧進帳」の他，「吾妻八景」「松の緑」なども手がけた。

❶**歌舞伎**
能・狂言・文楽と並ぶ，日本の代表的な舞台芸術。ユネスコの無形文化遺産に登録されている。

❷**長唄**
歌舞伎とともに発展した音楽。唄・細棹三味線・囃子によって演奏される。

◇**見得**
役者が静止して力をこめ，両目をぐっと寄せて睨む演技。

❸**唄方**
長唄で歌を担当する。

❹**三味線方**
長唄で三味線を担当する。

❺**囃子方**
長唄で笛や打楽器を担当する。

❻**黒御簾**
舞台下手にある小部屋。ここで情景を表す音楽や効果音などを演奏する。

❼**花道**
舞台から客席を貫く通路で，役者の登場や退場にも使われる。

テストに出る！ ココが要点

1 基本データ

(1) **四世杵屋六三郎**が作曲した（❶　　　　　）の演目。

(2) 歌舞伎には**義太夫節**，**常磐津節**，**清元節**などさまざまな音楽が用いられるが，「勧進帳」では（❷　　　　　）が用いられ，**唄**，**三味線**，**囃子**（**小鼓**，**大鼓**，**笛**）によって演奏される。

2 歌舞伎について

・歌（**音楽**）・舞（**舞踊**）・伎（**演技**）からなる，**江戸時代**に始まった舞台芸術。1603年に**出雲のお国**が興行した「**かぶき踊**」が起源といわれている。

・**見得**や**六方**（**六法**）など，さまざまな表現がある。

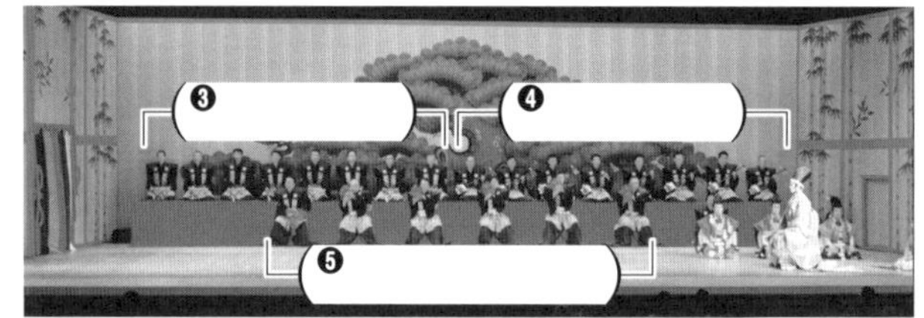

富樫左衛門：松本幸四郎

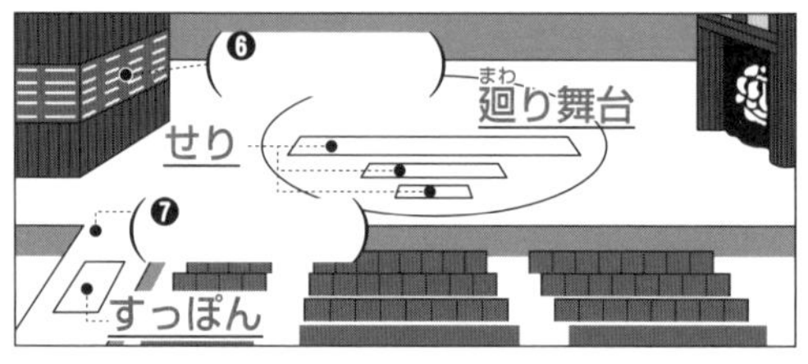

3 「勧進帳」について

①兄の**源頼朝**と不仲になった**義経**は，**武蔵坊弁慶**らとともに**京**（現在の**京都**）から**平泉**（現在の岩手県）の藤原秀衡のもとへ向かう。

②義経一行は，東大寺の大仏再建のために**勧進**を行う（**寄付**を募る）**山伏**や強力に変装して**加賀国**（現在の石川県）の**安宅**の関所を通過しようとするが，関守の**富樫左衛門**は山伏が義経一行と疑い，弁慶を取り調べる。弁慶はにせの**勧進帳**（寄付金を集めるための趣旨を書いた巻物）を読み上げ山伏についての質問にも答える。弁慶の義経を思う姿に心を打たれた富樫は，**関所の通行を許可する**。

③義経一行のもとに富樫が訪れ，酒をふるまう。そのお礼に弁慶は「**延年の舞**」を披露する。

・最後に弁慶が急いで一行の後を追いかける場面では，**飛び六方**（**六法**）という演技がみられる。

満点ミッションの❶，❷…は，ココが要点の❶，❷…の答えになります。

解答 p.14

予想問題 7 歌舞伎「勧進帳」

20分

/100点

1 歌舞伎について，次の問いに答えなさい。 5点×6〔30点〕

(1) 歌舞伎が生まれたのは，何時代ですか。 (　　　　)

(2) 歌舞伎の起源といわれている，「かぶき踊」を興行した人物を答えなさい。 (　　　　)

(3) 歌舞伎で使われる楽器のうち，次の楽器の名前を答えなさい。

大鼓　(① 　　　)　(② 　　　)　(③ 　　　)

(4) 役者が動きを止め，両目をぐっと寄せて睨む演技のことを何といいますか。 (　　　　)

2 歌舞伎の舞台について，次の説明にあてはまるものを［　］から選んで答えなさい。 7点×4〔28点〕

(1) 舞台から客席へ延びている通路。ここで役者が演技をすることがあり，歌舞伎での見せ場になっている。 (　　　　)

(2) 舞台を切った穴の下から人物などを登場させる所。(1)にあるこれのことをすっぽんといい，幽霊や妖術使いの登場に用いられる。 (　　　　)

(3) 建物などのセットを載せたまま回転し，場面転換などを行う。 (　　　　)

(4) 情景を表す音楽や効果音などを演奏する小部屋。 (　　　　)

黒御簾　花道　廻り舞台　せり

3 よく出る 「勧進帳」について，次の問いに答えなさい。 6点×7〔42点〕

(1) 歌舞伎の音楽のうち，「勧進帳」で用いられる音楽を答えなさい。 (　　　　)

(2) 勧進帳のストーリーについて，正しいものに○，正しくないものに×を書きなさい。

① 源義経とともに平泉へ向かったのは，源頼朝である。 (　　)

② 義経一行は山伏や強力に変装していた。 (　　)

③ 弁慶は富樫からの質問に答えられず，山伏ではないことがばれてしまった。 (　　)

④ 義経一行は富樫に捕らえられ，関所を通過することができなかった。 (　　)

(3) 関所を通り抜けた義経一行を訪ねて来た富樫に弁慶が酒をふるまわれたとき，そのお礼に弁慶が舞った舞の名前を答えなさい。 (　　　　)

(4) 最後の場面で，弁慶が義経一行を追いかける様子を演出したものを何といいますか。 (　　　　)

@ポイント攻略！ 歌舞伎とはどんなものか，「勧進帳」のストーリーも確認しよう。➡ 1 3

解答 p.15

8 ブルタバ(モルダウ)

テストに出る! ココが要点

1 基本データ

作曲は(❶　　　　　　)で，(❷　　　　　　)によって演奏される。

2 作曲者について

チェコのボヘミア地方出身。プラハでピアノと作曲を学び，スウェーデンで指揮者として活躍。その後，オーストリア(オーストリア＝ハンガリー帝国)の強い支配を受けていたチェコの独立運動に参加するために祖国へ戻った。

祖国への思いに満ちた作品を世に送り続け，チェコ国民楽派の創始者といわれている。

3 曲について

連作交響詩「我が祖国」は6曲の交響詩からなり，その第2曲が「ブルタバ」である。祖国の姿がブルタバ川の流れに沿って描かれている。

●第1の源流(フルート)

●ブルタバを表す旋律(ヴァイオリン，オーボエ)

●森の狩猟(ホルン)　※実際は1オクターヴ下

4 オーケストラの楽器について

木管楽器	ピッコロ，フルート，クラリネット，オーボエ，イングリッシュホルン，ファゴット
金管楽器	トランペット，ホルン，トロンボーン，チューバ
弦楽器	ヴァイオリン，ヴィオラ，チェロ，コントラバス
打楽器	ティンパニ，シンバル

※一般的なオーケストラの楽器の例です。

満点ミッション

❶スメタナ
チェコを代表する指揮者・作曲家。代表作はオペラ「売られた花嫁」など。

❷オーケストラ
管弦楽ともいう。

◇国民楽派
民族主義的な音楽を作った作曲家のこと。スメタナの他には，ムソルグスキー，シベリウス，ドボルザークなどがいる。

◇連作
内容的，性格的に関連をもつ複数の曲を1つにまとめた作品。

◇交響詩
自然や文学的な内容などを，オーケストラによって自由な形で表現する音楽。

◇ブルタバ川
チェコ最長の川。ボヘミア地方をプラハを通って南北へ流れている。

満点ミッションの❶，❷は，ココが要点の❶，❷の答えになります。

解答 p.15

予想問題 8 ブルタバ(モルダウ)

20分

/100点

1 作曲者について，次の問いに答えなさい。 4点×5〔20点〕

(1) 名前と，生まれた国を答えなさい。

名前(　　　　) 生まれた国(　　　　)

(2) 作曲者が活躍していた当時，(1)の国はある国の支配下にありました。その国名を答えなさい。 (　　　　)

(3) 作曲者は国民楽派の1人ですが，国民楽派として有名な他の作曲家を1人答えなさい。

(　　　　)

(4) 作曲者は晩年，ベートーヴェンと同じ体のある部分に不調をきたします。体のどの部分ですか。 (　　　　)

2 よく出る 次の問いに答えなさい。 6点×4〔24点〕

(1) 「ブルタバ」は，連作交響詩のうちの1曲です。交響詩の名前を答えなさい。

(　　　　)

(2) 自然や文学的な内容などをオーケストラによって表現する音楽のことを何といいますか。漢字三文字で答えなさい。 (　　　　)

(3) 「ブルタバ」は，(1)の第何曲ですか。 (　　　　)

(4) 「ブルタバ」を，ドイツ語で何といいますか。 (　　　　)

3 次の標題に合う楽譜(がくふ)と演奏している楽器を選び，記号で答えなさい。 7点×8〔56点〕

(1) ブルタバの第1の源流 楽譜(　　) 楽器(　　)

(2) 森の狩猟 楽譜(　　) 楽器(　　)

(3) 農民の結婚式 楽譜(　　) 楽器(　　)，ヴァイオリン

(4) ブルタバを表す旋律 楽譜(　　) 楽器(　　)，オーボエ

〔楽譜〕

A

※実際は1オクターヴ下

B

C

D

〔楽器〕

a

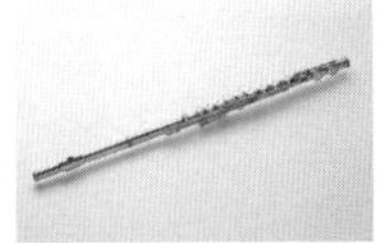

b

c

d

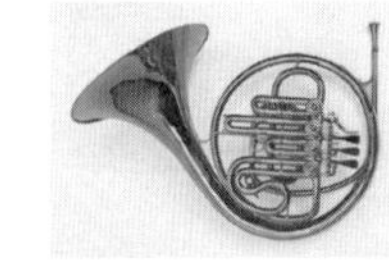

@ポイント攻略! 交響詩や，登場する楽器を確認しよう。➡ 2 3

9 能「羽衣」

満点ミッション

◇**能**
日本の伝統的な芸術の１つ。室町時代に現在の能につながるかたちに大成され，江戸時代には式楽として用いられた。ユネスコの無形文化遺産に登録されている。

❶**観阿弥，世阿弥**
能を大成させた親子。

◇**シテ**
能での主役。ほとんどの場合，面をかけて演じる。

◇**ワキ**
能での相手役。面をかけず，地味な装束を身につけている。

❷**地謡**
通常８人で編成される，能の声楽の部分。シテの心理や情景などを表現する。

❸**囃子**
笛(能管)，小鼓，大鼓，太鼓で編成される，能の器楽の部分。

◇**面**
シテがかける仮面。下の写真は，「羽衣」で使用する「小面」。

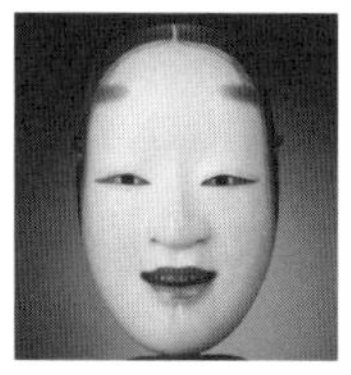
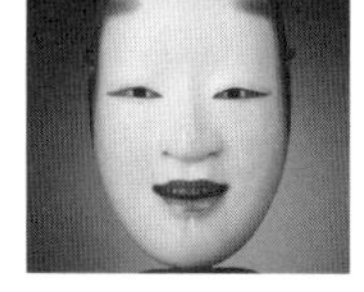

テストに出る！ ココが要点

1 基本データ

羽衣伝説に基づいた**能**の作品。

2 能について

・**能**は**音楽**，**舞踊**，**演劇**などで構成される歌舞劇。
・室町時代に(❶　　　　)親子によって基本的な形が整えられた。
・**シテ**(主人公)，**ワキ**(相手役)によって演じられる。
・謡を担当するのは(❷　　　　　)，謡の伴奏や舞の音楽を担当するのは(❸　　　　　)。謡には，旋律がついていない**コトバ**と，旋律がついている**フシ**がある。

3 能舞台について

写真提供：国立能楽堂

シテ：友枝昭世

・**能舞台**という舞台で演じられる。
・**面**をかけるシテの目印になる**柱**がある。
・江戸時代までは屋外の舞台だったため，その名残で舞台に**屋根**がついていたり，周囲に**小石**が敷き詰められていたりする。
・悲しみを表現する演技で，手で涙を押さえる型を**シオリ**という。(右の写真)

4 「羽衣」について

①三保の松原に住む**漁師**の白竜(ワキ)は，松の枝にかかった**羽衣**を見つける。
②漁師は羽衣を家宝にしようと持ち帰ろうとすると，**天人**(シテ)が現れ，羽衣を返してほしいと懇願する。
③漁師は**天人の舞**を舞うことを条件に返すことを約束する。舞が終わり，音楽が静まると，天人は空に帰って行く。

満点ミッション の❶,❷…は，ココが要点 の❶,❷…の答えになります。

解答 p.15

予想問題 9 能「羽衣」

20分　/100点

1 次の問いに答えなさい。　7点×4〔28点〕

(1) 能の基本的な形が整えられた時代を答えなさい。（　　　）

(2) 室町時代に能を大成した親子の名前を答えなさい。（　　　）

(3) 主役であるシテに対して，相手役のことを何というか答えなさい。（　　　）

(4) シテの心理や情景などを表現する，通常８人で編成されるものを答えなさい。

（　　　）

2 よく出る 次の問いに答えなさい。　6点×6〔36点〕

(1) 能舞台の各部の名称（めいしょう）A～Eにあてはまるものを，ア～オから選びなさい。

写真提供：国立能楽堂

ア　橋掛	イ　目付柱
ウ　鏡板	エ　本舞台
オ　揚幕	

A（　　）
B（　　）
C（　　）
D（　　）
E（　　）

(2) 能舞台に屋根がある理由を，ア，イから選びなさい。（　　）

ア　地謡や囃子の音の響きを調節するため
イ　江戸時代までは舞台が野外にあったため

3 次のA～Dの楽器の名称を，ア～エから選びなさい。　6点×4〔24点〕

A　B　C　D

ア　太鼓　　イ　小鼓　　ウ　笛(能管)　　エ　大鼓

A（　　）　B（　　）　C（　　）　D（　　）

4 「羽衣」について，次の問いに答えなさい。　4点×3〔12点〕

(1) 天人と漁師は，シテとワキのどちらですか。それぞれ答えなさい。

天人（　　　）　漁師（　　　）

(2) 漁師は，何を持ち帰ろうとしましたか。（　　　）

解答 p.16

10 音楽史

テストに出る！ ココが要点

1 日本の音楽史

平安時代　雅楽の日本化が進み，管絃の様式が確立される。

室町～安土・桃山時代　(❶　　　　　　)親子によって，能が大成。

江戸時代　出雲のお国が興行した(❷　　　　　　)が流行。
八橋検校が近代箏曲の基礎をつくる。
竹本義太夫が竹本座を創設。
人形浄瑠璃(現在の文楽)が大流行。

明治時代以降　伝統音楽にも，西洋音楽の手法が取り入れられていく。

2 西洋の音楽史

中世　グレゴリオ聖歌が生まれる。
グレゴリオ聖歌に新たな声部を加えるなどした，多声音楽が生まれる。

ルネサンス　多声音楽が発達し，対位法が完成。
楽譜印刷が発明され，曲がより広い範囲で演奏されるようになる。

バロック　(❸　　　　　　)が誕生。
器楽曲が多く作られ，協奏曲が成立・発展。

古典派　ソナタ形式が確立，交響曲やピアノ ソナタなどが作られる。

ロマン派　形式にとらわれない，自由な表現の音楽が盛んに。
リート・交響詩・即興曲などが作曲される。
(❹　　　　　　)と呼ばれる作曲家たちが現れる。

近代・現代　印象派の音楽が先駆けとなり，新しい時代に。
調の考え方がない無調の音楽や，拍子が変化しつづける音楽など，新しい音楽が追求される。

3 西洋の作曲家(例)

ルネサンス　ジョスカン デプレ，パレストリーナ

バロック　ヴィヴァルディ，J.S.バッハ，ヘンデル

古典派　ハイドン，モーツァルト

ロマン派　シューベルト，ショパン，ヴェルディ，ムソルグスキー，スメタナ，ドボルザーク

近代・現代　ドビュッシー，ホルスト，ラヴェル，ストラヴィンスキー，ケージ

満点ミッション

❶**観阿弥，世阿弥**
室町時代に，能の基本的な形を整えた親子。

❷**かぶき踊**
この踊が起源となって，江戸時代に歌舞伎が誕生した。

◇**八橋検校**
箏曲「六段の調」を作曲したと伝えられている。

❸**オペラ**
音楽を中心として，文学・演劇・美術・舞踊などの要素が結びついた総合芸術。ヴェルディ「アイーダ」などが有名。

◇**ソナタ形式**
ベートーヴェン「交響曲第５番 ハ短調」などにみられる，提示部・展開部・再現部・コーダからなる形式。

◇**交響詩**
自然や文学的な内容などを，オーケストラによって自由な形で表現する音楽。

❹**国民楽派**
民族主義的な音楽を作った作曲家のこと。スメタナ，ムソルグスキー，シベリウス，ドボルザークなど。

満点ミッションの❶,❷…は，ココが要点の❶,❷…の答えになります。

解答 p.16

予想問題 10 音楽史

20分

/100点

1 日本の音楽史について，次の問いに答えなさい。

(1)(2)8点×2(3)7点〔23点〕

(1) 「かぶき踊」を興行した人物を答えなさい。 (　　　　)

(2) (1)が起源となり誕生した，音楽・舞踊・演技からなる総合芸術を何といいますか。 (　　　　)

(3) 箏曲「六段の調」を作曲したと伝えられている人物を答えなさい。 (　　　　)

2 よく出る 西洋の音楽史について，次の問いに答えなさい。

7点×11〔77点〕

(1) 次のア～オを，時代順に並べかえなさい。

ア　ソナタ形式が確立し，多くの交響曲が作曲される。

イ　交響詩などの標題音楽が作曲されるようになる。

ウ　無調の音楽や，拍子が変化しつづける音楽，電子音楽などが生まれる。

エ　イタリアのフィレンツェでオペラが誕生する。

オ　グレゴリオ聖歌が生まれる。

(　　→　　→　　→　　→　　)

(2) 協奏曲の発展に重要な役割をはたした，「春」などを作曲したイタリアの作曲家を答えなさい。 (　　　　)

(3) 連作交響詩「我が祖国」などを作曲した，ロマン派の作曲家を答えなさい。 (　　　　)

(4) 次の作曲家について，名前を語群Aから，活躍した時代を語群Bから選びなさい。

① 名前(　　　　) 時代(　　　　)

② 名前(　　　　) 時代(　　　　)

③ 名前(　　　　) 時代(　　　　)

④ 名前(　　　　) 時代(　　　　)

〈語群A〉 J.S.バッハ　ラヴェル　モーツァルト　ヴェルディ

〈語群B〉 近代・現代　バロック　古典派　ロマン派

@ポイント攻略! バロック，古典派など，いつどんなことがあったのかを確認しよう。➡ 2

リコーダー

満点ミッション

❶ トーン ホール
アルト リコーダーにある穴。ここを押さえて演奏する。

❷ サム ホール
アルト リコーダーの裏側にある穴。左手の親指で押さえる。

❸ チューニング
音の高さを合わせること。ジョイントの抜き差しで調整する。基準とする音を鍵盤楽器などで鳴らして合わせる。

管が長くなるとピッチが下がるんだね。弦楽器が，大きくなるほど音域が下がるのをイメージすると間違えにくいよ。

❹ タンギング
舌で音を出したり止めたりすること。

❺ サミング
サム ホールに隙間をつくる運指。高音を出すときによく用いる。

テストに出る！ ココが要点

1 アルト リコーダー各部の名称

吹き口・マウス ピース
ウィンドウ・窓
ジョイント
（❶　　　　　）・指穴・音孔
（❷　　　　　）・裏穴・裏孔
ジョイント

頭部管
中部管
足部管

0 1 2 3 4 5 6 7

●左手で0，1，2，3，右手で4，5，6，7の穴を押さえる。

2 演奏をするときの姿勢と構えかた

以下の点に注意して演奏する。

・顎を引く。
・唇やその周りには力を入れすぎない。
・肩や腕の力を抜く。
・背筋を伸ばす。

いい音を出すために必要なことだよ。

3 チューニング

音の高さ(ピッチ)を合わせることを，（❸　　　　　）という。

リコーダーの場合，ジョイントを抜くことによってピッチが下がり，差し込むことによってピッチが上がる。

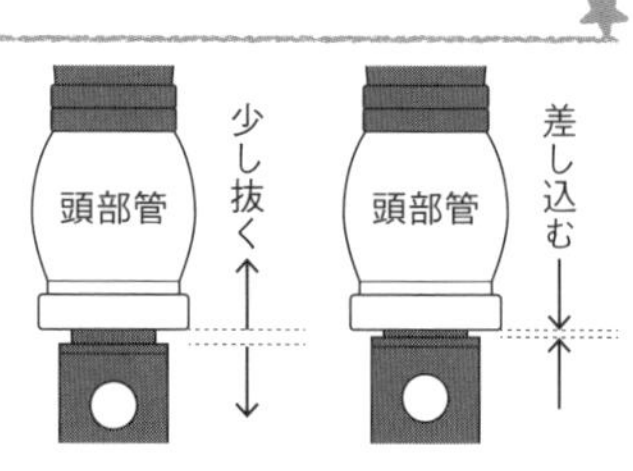

また，リコーダー自体が温まるとピッチが上がってしまうため，演奏を始める前に頭部管を手のひらで包んだり，ウィンドウの部分をふさいで息を吹き入れたりして楽器を温めておく。

4 タンギング

舌を使って息を止めたり出したりすることを，（❹　　　　　）という。「tu」や「du」など，音域や音のイメージによって使い分ける。

5 サミング

サム ホールの開きぐあいを操作して隙間をつくる運指のことを，（❺　　　　　）という。

数字を使ってØ，

記号では◓のように表す。

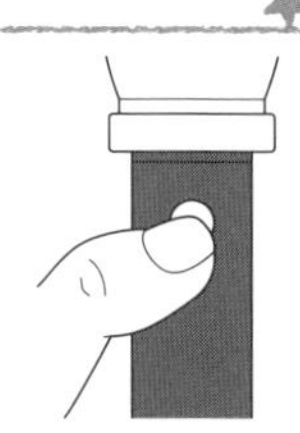

満点ミッションの❶,❷…は，ココが要点の❶,❷…の答えになります。

解答 p.16

予想問題 リコーダー

20分 /100点

1 アルト リコーダーについて，次の問いに答えなさい。 6点×11〔66点〕

(1) 吹き口の方から順に○○管・○○管・○○管と3つの部分に分けることができます。3つの部分をすべて答えなさい。( )( )( )

(2) 演奏のしかたについて，正しいものに○，正しくないものに×をかきなさい。

① 顎を引く。( )

② 肩に力を入れて姿勢を安定させる。( )

③ 唇は力みすぎない。( )

④ 背筋は少し丸める。( )

(3) アルト リコーダーに次のことをすると，ピッチは上がりますか，下がりますか。

① ジョイントの部分を差し込む。( )

② 楽器を温める。( )

(4) タンギングは，体のどの部分を使って行いますか。( )

(5) サミングは，左手のどの指で押さえる穴の開きぐあいを操作するものですか。( )

2 よく出る 次の楽譜について，あとの問いに答えなさい。 (1)4点，(2)5点×6〔34点〕

A B C 1. D 2. E F

(1) 何分の何拍子ですか。( )

(2) アルト リコーダーについて，A～Fの音符の運指をア～クから選びなさい。

A( ) B( ) C( ) D( ) E( ) F( )

ア イ ウ エ オ カ キ ク

@ポイント攻略！ リコーダーの運指を確認しよう。➡ 2

音楽特集　合唱コンクールや合唱祭で歌う曲についてまとめよう。

♪ 基本データ　曲について，表にまとめよう。

曲名					
作詞			作曲		
指揮		伴奏		自分のパート	
拍子（ひょうし）			速さ		
調			演奏形態		

♪ 楽典　曲に使われている記号(強弱・速度など)についてまとめよう。

記号	読み方	意味	記号	読み方	意味

♪ 歌詞　歌詞や歌いかたのポイントなどを書こう。

中間・期末の攻略本
解答と解説
音楽 1〜3年 全教科書対応

この「解答と解説」は，取りはずして使えます。

楽典

音符と休符，演奏・反復のしかたに関する記号

p.2 ココが要点

❶3連符

p.3 予想問題

1 (1)①2分休符 ②8分休符
(2)①全音符 ②4分音符
(3)① 𝅗𝅥. ② 𝅗𝅥 ③ ♩. ④ ♪
(4)① 𝄽 ② 𝄾 (5)ア

2 (1)スラー (2)タイ (3)テヌート
(4)アクセント (5)スタッカート

3 (1)6小節 (2)8小節 (3)8小節 (4)8小節

解説

1 (1)①は2分音符，②は8分音符。音符と同じ長さの休符の名前は，●●音符→●●休符のように，「音」を「休」に変えたものになる。
(2)①は全休符，②は4分休符。ミス注意 全休符と2分休符は形が似ていて間違えやすい。
(5)この曲は4分の4拍子なので，4分音符を1拍として1小節に4拍ある。いま，Aのある小節には8分音符が2つと2分音符が1つ，つまり3拍分の音符があるので，Aには1拍分の音符が入る。

2 (1)(2) ポイント タイは同じ高さの音をつなげる記号。スラーは高さの違う音につける記号で，滑らかに演奏する。2つの違いに注意しよう。

3 演奏順序は次のとおり。(1)A→B→C→D→A→B(2)A→B→C→D→A→B→E→F(3)A→B→C→D→E→F→C→D(4)A→B→C→D→A→B→E→F

音高・強弱・速度の記号

p.4 ココが要点

❶cresc. ❷decresc. ❸dim.
❹rit. ❺accel.

p.5 予想問題

1 (1)ウ (2)ア (3)イ

2 (1)①p ②pp ③f ④mf
(2)①メッゾ ピアノ ②フォルティッシモ
(3)①とても弱く ②少し強く

3 (1) ＞（デクレシェンド記号） (2) ＜（クレシェンド記号）

4 (1)①Allegro ②Moderato
(2)♩＝90で打つ4分音符
(3)A rit. B a tempo

解説

1 (1)はナチュラル，(2)はシャープ，(3)はフラット。

2 (1)弱い順に，***pp***，***p***，***mp***，***mf***，***f***，***ff***。***pp***より弱い***ppp***や，***ff***より強い***fff***などもある。
(2)(3) ***p***は「弱く」，***mp***は「少し弱く」というように，***m***（メッゾ）がつくと，「少し」という意味が加わる。***f***は「強く」，***ff***は「とても強く」というように，***f***や***p***が2つつながると，「とても」という意味が加わる。

3 楽譜ではどの表し方もよく見られるので，それぞれを関連付けて覚えておこう。

4 (1)①の**Allegro**は「速く」，**Allegretto**は「やや速く」。②の**Andante**は「ゆっくり歩くような速さで」，**Moderato**は「中ぐらいの速さで」。
(2)時計の秒針は1秒間に1動くので，1分間に60動く。だから，1分間に90打つ4分音符のほうが速い。

歌唱曲

1　We'll Find The Way ～ はるかな道へ

p.6 ココが要点

❶2分休符　❷タイ　❸メッゾ ピアノ
❹メッゾ フォルテ　❺クレシェンド
❻フォルテ

p.7 予想問題

1 (1)イ　(2)4分の4拍子　(3)2分休符
(4)少し弱く　(5)はるかなみちを

2 (1)8分休符　(2)タイ
(3)読み方 クレシェンド　意味 だんだん強く
(4)コードネーム　(5)まだみぬばしょに

3 (1)エ　(2)13小節

解説

1 (2)4分音符を1拍として，1小節に4拍ある拍子。
(3)2分音符1つ分と同じ長さだけ休む休符。4分休符の2倍の長さ。
(4) ***p*** は「弱く」，***mp***は「少し弱く」。***m***（メッゾ）がつくと，「少し」という意味が加わる。
(5)何度も歌い，歌詞を覚えよう。

2 (1)8分音符1つ分と同じ長さだけ休む休符。
(2) ミス注意 タイは同じ高さの音をつなげる記号。スラーは高さの違う音につける記号で，滑らかに演奏する。2つの違いに注意しよう。

3 (1)4分音符4つ分と同じ長さの，全音符。
(2)1番かっこの最後まで来たら最初に戻って演奏し，1番かっこに入らずに2番かっこに飛ぶ。

2　青空へのぼろう

p.8 ココが要点

❶2分休符　❷テヌート　❸スタッカート
❹タイ　❺メッゾ フォルテ　❻シャープ

p.9 予想問題

1 (1)4分の4拍子　(2)ハ長調
(3)作詞者 エ　作曲者 イ
(4)mf　(5)𝄾
(6)a どこまでも　b こえあわせ

2 (1)f　(2)B スタッカート　C テヌート
(3)読み方 シャープ　意味 半音上げる

3 (1)タイ　(2)イ

解説

1 (2)調号が付かない長調なので，ハ長調。
(3)アは「翼をください」などの作詞者。ウは「赤とんぼ」などの作詞者。
(4) ***f*** は「強く」，***mf***は「少し強く」。***m***（メッゾ）がつくと，「少し」という意味が加わる。
(5)この曲は4分の4拍子なので，4分音符を1拍として，1小節に4拍ある。いま，3小節目には4分音符が2つと8分音符が2つ，つまり3拍分の音符があるので，Bには2つ合わせて1拍分の休符が入る。

2 (2)実際にどう歌ったかを思い出してみよう。スタッカートは「音を短く切って」，テヌートは「音の長さをじゅうぶんに保って」。
ポイント この曲はa－a'　b－a'の二部形式で，2の楽譜の部分はbにあたる。曲の感じが他の部分とどのように変わるか確認しよう。

3 (1)同じ高さの音をつないでいるので，スラーではなくタイ。
(2)いま，4小節目には4分音符が1つと4分休符が1つ，つまり4分音符を1拍として2拍分の音符と休符があるので，Bには2拍分の休符が入る。
ミス注意 全休符と2分休符はよく似ているので，間違えないようにしよう。

3　主人は冷たい土の中に（静かに眠れ）

p.10 ココが要点

❶Andante　❷メッゾ ピアノ
❸フェルマータ

p.11 予想問題

1 (1)Andante　(2)4分の4拍子
(3)少し弱く　(4)調 ハ長調　音階 イ
(5)ソミミドレ

2 (1)イ　(2)あのえがお　(3)続く感じ
(4)付点2分音符

3 (1)A ● ● ○ ○ ○ ○

B ○ ● ○ ○ ○ ○

(2)フェルマータ

(3)終わる感じ　(4)♩

解説

1 (3) *p* は「弱く」, *mp*は「少し弱く」。*m*（メッゾ）がつくと，「少し」という意味が加わる。

(4) 調号が付かない長調なので，ハ長調。

2 (3) ポイント この曲はa－a'　b－a'の二部形式で，**2**の楽譜の部分はbにあたる。

(4)2分音符に付点がついている音符。2分音符と4分音符を合わせた長さ。

3 (3) ポイント 二部形式のa－a'　b－a' のうち，**3**の楽譜の部分は最後のa'にあたる。

(4)4分休符は，4分音符1つ分と同じ長さだけ休む休符。

4　アニー・ローリー

p.12 ココが要点

❶Moderato

p.13 予想問題

1 (1)ウ　(2)4分の4拍子　(3)ハ長調

(4)読み方 モデラート

意味 中ぐらいの速さで

(5)a ド　b ラ　c ミ

2 (1)コードネーム　(2)息つぎ

(3)C 1.5　D 3

(4)a ときはゆけど　b うるわしさよ

3 A ● ● ● ● ○ ○

B ● ○ ● ○ ○ ○

C ○ ○ ● ○ ○ ○

D ● ● ● ○ ○ ○

解説

1 (1)アは「エーデルワイス」などの作曲者，イは「メリー ポピンズ」をはじめとするディズニーの曲を作詞・作曲した。

(3)調号が付かない長調なので，ハ長調。この曲は，途中でイ短調になる。

2 (3)C 4分音符に付点がついている音符。4分音符と8分音符を合わせた長さ。8分音符は4分音符の半分の長さだから，付点4分音符の長さは4分音符1.5こ分の長さになる。

D 2分音符に付点がついている音符。2分音符と4分音符を合わせた長さ。2分音符は4分音符の2倍の長さだから，付点2分音符の長さは4分音符3こ分の長さになる。

5　Edelweiss（エーデルワイス）

p.14 ココが要点

❶メッゾ ピアノ　❷メッゾ フォルテ

❸クレシェンド

p.15 予想問題

1 (1)4分の3拍子　(2)ハ長調

(3)作詞者 ア　作曲者 ウ

(4)記号 mp　読み方 メッゾ ピアノ

(5)息つぎ

2 (1)記号 mf　読み方 メッゾ フォルテ

(2)B 2　C 3

(3)a あおく　b snow

3 (1)サウンド オブ ミュージック　(2)イ

(3)A b　(4)ウ

解説

1 (2)調号が付かない長調なので，ハ長調。

(3)イは「主人は冷たい土の中に」の作曲者。

(4) *p* は「弱く」, *mp*は「少し弱く」。*m*（メッゾ）がつくと，「少し」という意味が加わる。

2 (2)B 2分音符は4分音符の2倍の長さだから，2分音符は4分音符2こ分の長さ。

C 2分音符に付点がついている音符。2分音符と4分音符を合わせた長さ。2分音符は4分音符の2倍の長さだから，付点2分音符の長さは4分音符3こ分の長さになる。

3 (1)同じ「サウンド オブ ミュージック」の中で歌われる，「ドレミの歌」や「私のお気に入り」なども有名。どんな歌か，鑑賞したり歌ったりしてみよう。

(2)祖国であるオーストリアへの思いを歌っている。

(4) ミス注意 全休符と2分休符はよく似ているので，間違えないようにしよう。

6　浜辺の歌

p.16 ココが要点

❶林古溪　❷8分の6　❸あした
❹ゆうべ　❺もとおれば
❻メッゾ フォルテ　❼クレシェンド
❽デクレシェンド　❾リタルダンド

p.17 予想問題

1 (1)成田為三　(2)例かなりや
(3)東京音楽学校

2 (1)A似ている　B異なる　C似ている
(2)D終わる　E続く　(3)二部形式

3 (1)エ　(2)オ　(3)ア

4 (1)拍子 8分の6拍子　調 ヘ長調
(2)rit.　(3)𝄾　(4)ウ

解説

1 (2) 別解「赤い鳥小鳥」など

2 ポイント この曲はa－a'　b－a'の二部形式。それぞれがどのような関係をもつか，歌いながら確認しよう。

3 ミス注意 (1)は「あした」=「明日」，(2)は「ゆうべ」=「昨晩」などと間違えやすい。

4 (2)*rit.*は*ritardando*の省略形。
(3)この曲は8分の6拍子なので，8分音符を1拍として，1小節に6拍ある。いま，Bのある小節には付点4分音符が1つと8分音符が1つと8分休符が1つ，つまり5拍分の音符があるので，Bには1拍分の休符が入る。

7　赤とんぼ

p.18 ココが要点

❶三木露風　❷山田耕筰
❸負われて　❹お里のたより
❺ピアノ　❻メッゾ フォルテ
❼クレシェンド　❽デクレシェンド

p.19 予想問題

1 (1)作詞者 ウ　作曲者 イ
(2)イ　(3)p　(4)mf　(5)𝄽
(6)a あかとんぼ　b くわのみ　(7)イ

2 (1)名前 付点4分音符　8分音符 3 つ分
(2)a 背負われて　c ふるさとからの手紙
(3)b こかご　d さおのさき

解説

1 (1)アは「浜辺の歌」などの作曲者。エは「荒城の月」，「花」などの作曲者。
(3)読み方は「ピアノ」。
(4) ***f*** は「強く」，***mf***は「少し強く」。***m***（メッゾ）がつくと，「少し」という意味が加わる。
(5)この曲は4分の3拍子なので，4分音符を1拍として，1小節に3拍ある。いま，4小節目には2分音符が1つ，つまり2拍分の音符があるので，Cには1拍分の休符が入る。
(7) ミス注意「ねえや」=「自分の姉」と間違えやすい。

2 (1)4分音符に付点がついている音符。4分音符と8分音符を合わせた長さ。4分音符は8分音符の2倍の長さだから，付点4分音符の長さは8分音符3つ分の長さになる。
(2) ミス注意「おわれて」=「追われて」と間違えやすい。

8　夢の世界を

p.20 ココが要点

❶8分の6　❷付点4分音符　❸テヌート
❹リタルダンド　❺ア テンポ
❻メッゾ フォルテ　❼フォルテ

p.21 予想問題

1 (1)ウ　(2)8分の6拍子
(3)イ　(4)ハ長調

2 (1)①A流れ　B映し出したね
②C語り合い　D歩いたね
(2)①2番　②1番

3 (1)ウ　(2)ソプラノ　アルト

4 (1)Aだんだん遅く　Bもとの速さで
(2)mf
(3)読み方 テヌート
意味 音の長さをじゅうぶんに保って

解説

1 (1)アは「ふるさと」などの，イは「翼をください」などの作詞者と作曲者。

(3)6拍子の曲は，その速さによって指揮のしかたが異なる。この曲の場合は1小節を1～3拍と4～6拍に分けて，2拍子のように指揮をすることで，拍の流れにのりやすくなる。

3 (1)斉唱は全員が同じ旋律を歌う。混声三部合唱は声域の高い順にソプラノ，アルト，男声。

4 (1)***a tempo***は***rit.***のあとに現れることが多いので，対で覚えよう。

(2)***f*** は「強く」，***mf*** は「少し強く」。***m***（メッゾ）がつくと，「少し」という意味が加わる。

9　生命が羽ばたくとき

p.22 ココが要点

❶2分休符　❷全休符　❸タイ
❹テヌート　❺メッゾ ピアノ
❻クレシェンド

p.23 予想問題

1 (1)4分の4拍子
(2)A読み方 クレシェンド
意味 だんだん強く
B読み方 テヌート
意味 音の長さをじゅうぶんに保って
(3)アルト　(4)息つぎ　(5)混声三部合唱
(6)a よるをこえて　b こころつくし

2 (1)読み方 ナチュラル
意味 もとの高さで
(2)Bイ　Cエ　(3)ア

解説

1 (2)Aクレシェンドは***crescendo***や***cresc.***のように表すこともある。

(3)この部分は混声三部合唱。混声三部合唱は声域の高い順にソプラノ，アルト，男声。

2 (2)この曲は4分の4拍子なので，4分音符を1拍として，1小節に4拍ある。

B 2小節目には付点2分音符が1つ，つまり3拍分の音符があるので，Bには1拍分の休符が入る。

C 3小節目には音符や休符がないので，Cには4拍分の休符が入る。

ミス注意 全休符と2分休符はよく似ているので，間違えないようにしよう。

(3)***D.C.***は「始めに戻る」という意味。***D.S.***と区別して覚えよう。

10　翼をください

p.24 ココが要点

❶Moderato　❷混声三部
❸メッゾ フォルテ　❹フォルテ
❺タイ　❻スラー
❼クレシェンド　❽デクレシェンド

p.25 予想問題

1 (1)作詞者 エ　作曲者 イ
(2)4分の4拍子　(3)変ロ長調
(4)赤い鳥
(5)記号 Moderato
読み方 モデラート
(6)ウ　(7)付点2分音符　(8)♩
(9)a わたし　b とみ

2 (1)混声三部合唱
(2)記号 f　読み方 フォルテ
(3)D　(4)タイ　(5)おおぞらに

解説

1 (1)アは「ふるさと」などの作曲者，ウは「大切なもの」などの作詞・作曲者。

(7)(8)2分音符に付点がついている音符。2分音符と4分音符を合わせた長さ。

2 (4) ミス注意 タイは同じ高さの音をつなげる記号。スラーは高さの違う音につける記号で，滑らかに演奏する。2つの違いに注意しよう。

もひとつプラス 3連符

11　夏の思い出

p.26 ココが要点

❶中田喜直　❷4分の4
❸ピアニッシモ　❹テヌート
❺ディミヌエンド　❻フェルマータ

p.27 予想問題

1 (1)江間章子　(2)例花の街　(3)中田喜直

(4)拍子 4分の4拍子　調 ニ長調

2 (1)8分休符　(2)pp　(3)イ

(4)ディミヌエンド　(5)さいている

3 (1)テヌート　(2)𝄐(𝄑)

(3)水芭蕉，石楠花(順不同)

(4)a 群馬　b 湿原

解説

1 (1)新潟県出身の作詞家。

(2) 別解「おかあさん」「花のまわりで」

(3)「早春賦」などの作曲家である中田章の息子。「ちいさい秋みつけた」,「雪の降る街を」なども作曲した。

2 (2)この部分はささやくような表現で歌うので *pp* が用いられる。曲の表現と，適切な強弱記号を結び付けて覚えよう。

(3)♪を3等分した音符は 3連符 。𝅗𝅥を3等分した音符は 3連符 。

(4)「だんだん弱く」という意味の記号。

3 (1)「音の長さをじゅうぶんに保って」という意味。

(2) *mf* からクレシェンドしてテヌート，そしてこのフェルマータなので，この小節はたっぷりと歌う。

(3)(4)水芭蕉，石楠花はどんな花なのか，尾瀬とはどんな場所なのか，確認しよう。

12 荒城の月

p.28 ココが要点

❶土井晩翠　❷滝廉太郎　❸4分の4

❹花の宴　❺千代の松が枝

❻植うるつるぎ　❼照りそいし　❽かずら

❾天上影　❿栄枯　⓫アンダンテ

⓬メッゾ フォルテ

p.29 予想問題

1 (1)土井晩翠　(2)滝廉太郎

(3)山田耕筰　(4)二部形式

2 (1)イ　(2)オ　(3)キ　(4)カ

(5)ア　(6)エ　(7)ウ

3 (1)2　(2)1　(3)4　(4)3

4 (1)ロ短調　(2)ゆっくり歩くような速さで

(3)＞(デクレシェンド記号)　(4)♯

(5)めぐるさかずき　(6)七五調

解説

1 (4)この曲はa－a'　b－a'の二部形式。

2 **3** ポイント 難しい単語が多いが，一つ一つの言葉の意味を理解して，歌詞の現代語訳を作ってみると全体のイメージがわきやすい。

4 (2)山田耕筰の補作編曲の速度は ♩＝**63**。速度記号が異なる。

(4)山田耕筰補作編曲のものでは，この ♯ がない。

(6)「はるこうろうの」は七音，「はなのえん」は五音，というように，歌詞全体の音の数が統一されている。

13 サンタ ルチア(Santa Lucia)

p.30 ココが要点

❶メッゾ フォルテ　❷メッゾ ピアノ

❸フォルテ　❹フェルマータ

❺アクセント　❻スラー　❼ナチュラル

❽フラット

p.31 予想問題

1 (1)8分の3拍子　(2)A mf　C mp

(3)付点8分音符　(4)D ♮　E ♭

(5)a そらにしろき　b しろがねの

イタリア語の歌詞 ウ

2 (1)A f　E mp　(2)アクセント

(3)デクレシェンド　(4)♮　(5)スラー

3 (1)ウ　(2)カンツォーネ

解説

1 (1)8分音符を1拍として，1小節に3拍ある拍子。

(3)8分音符に付点がついている音符。8分音符と16分音符を合わせた長さ。

(4)♮はもとの高さに戻す，♭は半音下げる記号。

2 (1)(2)Aからの4小節は曲の山場なので *f* で，さらにBに一音ずつアクセントを付けてたっぷりと歌う。

(3)「だんだん弱く」という意味の記号で，***dim.***(***diminuendo***の略)と同じ意味。

(4)Dのナチュラルは臨時記号で，変化した音をもとに戻すという意味がある。

(5)「高さの違う2つ以上の音符を滑らかに」とい

う意味。ミス注意 タイは同じ高さの音をつなげる記号。スラーは高さの違う音につける記号で，滑らかに演奏する。2つの違いに注意しよう。

14 花

p.32 ココが要点

❶滝廉太郎 ❷うらら ❸櫂
❹たとうべき ❺あけぼの ❻見ずや
❼のべて ❽錦おりなす ❾くるれば
❿おぼろ月 ⓫一刻も千金
⓬リタルダンド ⓭ア テンポ

p.33 予想問題

1 (1)四季 (2)春
(3)隅田川 (4)武島羽衣
(5)作曲者 滝廉太郎 代表作 例荒城の月

2 (1)イ (2)ア

3 (1)あけぼの (2)見ずや (3)くるれば
(4)げに

4 (1)4分の2拍子 (2)Amf Bf
(3)Crit. Da tempo
(4)読み方 フェルマータ
意味 音符(休符)をほどよく延ばす
(5)ウ

解説

1 (1)組歌「四季」は，「花」「納涼」「月」「雪」の全4曲。
(2)(3)「春のうららの隅田川」という歌詞からわかる。
(4)詩人のほか国文学者としても活躍した。「美しき天然」も作詞。
(5)代表作 別解「箱根八里」，「鳩ぽっぽ」，「お正月」など

2 日本語の音節や，言葉のリズムと旋律のリズムが合うようにつくられている。結びつきを確認しよう。

3 難しい単語が多いが，一つ一つの言葉の意味を理解して，歌詞の現代語訳を作ってみると全体のイメージがわきやすい。

4 (1)4分音符を1拍として，1小節に2拍ある拍子。
(2)*mf*からクレシェンドで*f*となってフェルマータなので，たっぷりと盛り上げて歌う。
(3)*a tempo*は「もとの速さで」，*rit.*は「だんだん遅く」。
(5) ミス注意「たとうべき」=「たたえるべき」と間違えないようにしよう。

15 花の街

p.34 ココが要点

❶江間章子 ❷團伊玖磨
❸メッゾ ピアノ
❹メッゾ フォルテ ❺フォルテ
❻デクレシェンド ❼クレシェンド

p.35 予想問題

1 (1)4分の2拍子
(2)作詞者 江間章子 代表作 ア
(3)作曲者 團伊玖磨 代表作 イ
(4)読み方 メッゾ ピアノ 意味 少し弱く
(5)なないろのたにを

2 (1)Aイ BエCウ Dオ
(2)エ (3)𝄾 (4)タイ
(5)2番 おどっていたよ
3番 はるのゆうぐれ
(6)イ

解説

1 (1)4分音符を1拍として，1小節に2拍ある拍子。
(2)イは吉丸一昌，ウは林古溪，エは土井晩翠の代表作。
(3)アは山田耕筰，ウは坂本龍一の代表作。オペラ「夕鶴」は1951年に完成した全1幕のオペラで，木下順二の戯曲「夕鶴」を台本としている。

2 (1)Aで*mf*で始まって，クレシェンドで頂点の*f*へ向かう。この部分は曲の山場なので，*mf*から*f*へのクレシェンドをきかせてたっぷりと歌う。
(2)***cresc.***(***crescendo***の略)と < は読み方も意味も同じ。オの > は***decresc.***(***decrescendo***の略)，***dim.***(***diminuendo***の略)と同じ意味。複数の表しかたをもつ強弱記号を確認しよう。

(3)この曲は4分の2拍子なので，4分音符を1拍として，1小節に2拍ある。いま，Fのある小節には8分音符が3つ，つまり1拍半分の音符があるので，Fには半拍分の休符が入る。

(4)「隣り合った同じ高さの音符をつなぐ」という意味。高さの違う音に付けられるスラーと間違えないようにしよう。

(6)この曲が生まれた時代や，歌詞に込められた気持ちを理解しよう。

16 帰れソレントへ

p.36 ココが要点

❶Moderato　❷ピアノ
❸メッゾ フォルテ　❹クレシェンド
❺フェルマータ　❻リタルダンド
❼ア テンポ

p.37 予想問題

1 (1)イ　(2)4分の3拍子
(3)読み方 モデラート
意味 中ぐらいの速さで
(4)弱く

2 (1)読み方 リタルダンド
意味 だんだん遅く
(2)読み方 ア テンポ
意味 もとの速さで
(3)ハ短調 から ハ長調　(4)同主調(関係)

3 (1)読み方 フェルマータ
意味 音符(休符)をほどよく延ばす
(2)アクセント　(3)ア

解説

1 (1)ナポリの作曲家。他に「忘れな草」，「世界でただひとり君を愛す」などを作曲した。
アは「アイーダ」，ウは「春」などの作曲家。
(2)4分音符を1拍として，1小節に3拍ある拍子。

2 (1)(2)*rit.*は*ritardando*の略。転調に伴って速度にも変化をもたせることで，表現にメリハリをつけている。*a tempo*は*rit.*のあとに現れることが多いので，対で覚えよう。
(3)(4)ハ短調とハ長調の調号と音階を確認しよう。ハ短調の階名はラシドレミファ(♯)ソラ。ハ長調の階名はドレミファソラシド。

3 ポイント この部分は，ソレントを去った恋人に対して，「帰ってきてくれ」と歌う山場である。歌詞に込められた気持ちと，フェルマータやアクセントなどが効果的に使われていることを確認しよう。

17 早春賦

p.38 ココが要点

❶中田章　❷時にあらずと
❸角ぐむ　❹さては時ぞと
❺あやにく　❻知らでありしを
❼急かるる　❽メッゾ フォルテ
❾フォルテ　❿ピアニッシモ
⓫リタルダンド

p.39 予想問題

1 (1)8分の6拍子
(2)作詞者 オ　作曲者 イ
(3)エ　(4)ア　(5)mf
(6)a かぜのさむさや　b あしはつのぐむ
c しらでありしを

2 (1)A ウ　B イ　C ア
(2)読み方 リタルダンド
意味 だんだん遅く

3 (1)イ　(2)ア　(3)ウ

解説

1 (1)8分音符を1拍として，1小節に6拍ある拍子。
(2)(3)アは「赤とんぼ」，ウは「夏の思い出」や「花の街」の作詞者。エは中田章の息子で「夏の思い出」の作曲者。
(5)***f*** は「強く」，***mf*** は「少し強く」。***m***（メッゾ）がつくと，「少し」という意味が加わる。

2 (1)この曲はa－a′ b－a′の二部形式。Aの強弱記号からの4小節はbにあたり，曲中で最も盛り上がる部分。Bからの4小節はa′にあたり，徐々に弱まって終わる。曲の形式と強弱記号による表現の違いを感じ取ろう。
(2)*rit.*は*ritardando*の略。読み方を確認しよう。

3 ポイント 難しい単語が多いが，一つ一つの言葉の意味を理解して，歌詞の現代語訳を作ってみると全体のイメージがわきやすい。

18　ふるさと

p.40 ココが要点

❶かの　❷忘れがたき　❸いかにいます
❹恙なしや　❺思いいずる
❻こころざしを　はたして
❼メッゾ フォルテ　❽フォルテ
❾フラット　❿スラー
⓫クレシェンド　⓬デクレシェンド

p.41 予想問題

1 (1)4分の3拍子
(2)作詞者 エ　作曲者 イ
(3)イ　(4) mf　(5)𝄽
(6) a かのやま　b ちちはは　c はたして

2 (1)スラー　(2)8分音符　(3)𝄽
(4)1番 ゆめはいまもめぐりて
2番 あめにかぜにつけても

3 (1)ウ　(2)イ　(3)オ　(4)エ　(5)カ
(6)ア

解説

1 (1)4分音符を1拍として，1小節に3拍ある拍子。
(2)アは「早春賦」の作曲者。ウは「大切なもの」の作詞・作曲者。
(5)この曲は4分の3拍子なので，4分音符を1拍として，1小節に3拍ある。いま，Bのある小節には2分音符が1つ，つまり2拍分の音符があるので，Bには1拍分の休符が入る。

2 (1) **ミス注意** タイは同じ高さの音をつなげる記号。スラーは高さの違う音につける記号で，滑らかに演奏する。2つの違いに注意しよう。
(2)4分音符に付点がついている音符。4分音符と8分音符を合わせた長さ。
(3)Cのある小節には8分音符が2つと4分音符が1つ，つまり4分音符を1拍として2拍分の音符があるので，Cには1拍分の休符が入る。

3 「忘れがたき」は「忘れ難き」。「恙なしや」は「恙無しや」。「つつが」とは病気や災難のことなので，それらが無く無事でいるだろうかという意味。

19　Forever

p.42 ココが要点

❶フォルテ　❷メッゾ フォルテ
❸クレシェンド　❹デクレシェンド

p.43 予想問題

1 (1)4分の4拍子　(2)杉本竜一
(3)mf　(4)イ　(5)𝄾
(6)D スラー　E タイ
(7)みどりにあふれるとき

2 (1)A シャープ　B ナチュラル
(2)C f　E mf　(3)名前 3連符　2分音符
(4)名前 付点2分音符　3つ分

3 A→B→C→B→D→E→F→B→C→B→D→E

解説

1 (1)4分音符を1拍として，1小節に4拍ある拍子。
(2)映画音楽なども手がけている作曲家・作詞家。「Tomorrow」，「BELIEVE」なども作詞・作曲。
(3)*f* は「強く」，*mf* は「少し強く」。*m*（メッゾ）がつくと，「少し」という意味が加わる。
(4)*D.S.*は「𝄋（セーニョ）に戻る」という意味。アは𝄌に飛ぶ，ウはピアノのペダルを使用する記号，エは「終わり」という意味。
(5)この曲は4分の4拍子なので，4分音符を1拍として，1小節に4拍ある。いま，Cのある小節には16分音符が6つと4分音符が1つと8分音符が2つ，つまり3拍半分の音符があるので，Cには半拍分の休符が入る。

2 (1)Aは音を「半音上げる」，Bは「もとの高さで」という意味。音の高さを変化させたりもとの高さに戻したりする♯，♭，♮の読み方と意味を確認しよう。
(3)3連符はある音符を3等分した音符。
(4)2分音符に付点がついている音符。2分音符と4分音符を合わせた長さ。2分音符は4分音符の2倍の長さだから，付点2分音符の長さは4分音符3つ分の長さになる。

20 時の旅人

p.44 ココが要点

❶フォルテ ❷テヌート
❸スラー ❹タイ
❺リタルダンド ❻アッチェレランド
❼メーノ モッソ ❽フェルマータ

p.45 予想問題

1 (1)4分の4拍子
(2)作詞者 イ 作曲者 ア
(3)混声三部合唱 (4)A f B mf
(5)めぐるおもい

2 (1)アルト (2)アルト (3)男声

3 (1)rit.
(2)B テヌート C フェルマータ

解説

1 (1)4分音符を1拍として，1小節に4拍ある拍子。
(2)**ウ**は「Forever」の作詞・作曲者。**エ**は「翼をください」の作詞者。
(3)ソプラノ・アルト・男声の3つのパートで構成されている。
(4)***f*** は「強く」，***mf*** は「少し強く」。***m***（メッゾ）がつくと，「少し」という意味が加わる。

3 (1)***rit.***は***ritardando***の略。
(2)テヌートは「音の長さをじゅうぶんに保って」，フェルマータは「音符（休符）をほどよく延ばす」という意味。最後へ向かってテヌートとフェルマータでたっぷりと歌う。記号の意味と表現のしかたを確認しよう。

21 旅立ちの日に

p.46 ココが要点

❶Moderato ❷メッゾ ピアノ
❸メッゾ フォルテ ❹フォルテ
❺ピウ モッソ ❻クレシェンド

p.47 予想問題

1 (1)4分の4拍子
(2)作詞者 イ 作曲者 ウ
(3)読み方 モデラート
意味 中ぐらいの速さで
(4)mp
(5)a やまなみはもえて
b なつかしいとものこえ

2 (1)混声三部合唱
(2)読み方 ピウ モッソ
意味 今までより速く
(3)アルト

3 (1)𝄽 (2)7つ分

解説

1 (2)**ア**は「大地讃頌」の作詞者。**エ**は「マイバラード」の作詞・作曲者であり，「旅立ちの日に」の編曲者。

2 (1)ソプラノ・アルト・男声の3つのパートで構成されている。
(2) **ポイント** この部分からが曲の山場である。速度や強弱記号の変化によって，それまでと曲想がどのように変わるかを確認しよう。

3 (1)この曲は4分の4拍子なので，4分音符を1拍として，1小節に4拍ある。いま，**A**のある小節には付点2分音符が1つ，つまり3拍分の音符があるので，**A**には1拍分の休符が入る。
(2)**B**は全音符と付点2分音符をタイでつないだもの。全音符は4分音符4つ分，付点2分音符は2分音符＋4分音符で4分音符3つ分の長さだから，合わせて4分音符7つ分の長さ。

22 指揮のしかた・歌いかた

p.48 ココが要点

❶ソプラノ ❷アルト
❸テノール ❹バス

p.49 予想問題

1 (1)①ア ②イ (2)イ，オ（順不同）

2 ア，エ，オ，カ（順不同）

3 (1)メッゾ ソプラノ (2)テノール
(3)ソプラノ (4)バス

4 (1)1人 (2)ア (3)合唱〔コーラス〕

解説

1 (1)実際にこの通りに指揮をしてみると，何拍子かわかりやすい。問題にかかれている形は一例で，他にもいろいろな指揮のしかたがある。
②テンポの速い8分の6拍子のときは，1小節に付点4分音符が2つあると考えて，2拍子のふりかたをすることもある。
(2)指揮者は，拍子や速度，強弱を表したり，タイミングを合わせたり，曲の雰囲気や表情を伝えたりする。指揮者個人の気持ちを伝えたり，練習の予定を立てたりすることは，本来の指揮者の役割ではない。

2 実際に正しい姿勢・発声・呼吸を心がけて歌い，どのように歌っていたか考えよう。
ア背筋は伸ばす。
エおなかだけでなく，背中にも空気を入れる感じで吸うとよい。
オ両足は少し開いたほうが，姿勢が安定する。

3 声域の高い順，低い順にパート名をいえるようにしておこう。合唱形態を答えるときは，女声と男声が混ざっているか・いくつの声部に分かれているかがポイントになる。例えばソプラノ，メッゾ ソプラノ，アルトによる合唱は，女声のみで3つの声部に分かれているので「女声」「三部」合唱。ソプラノ，アルト，テノール，バスによる合唱は，女声と男声の両方があり4つの声部に分かれているので「混声」「四部」合唱である。

4 声楽の演奏形態には，他にも重唱などがある。重唱はアンサンブルともいい，2つ以上の声部をそれぞれ1人で歌い合わせること。2重唱をデュエット，3重唱をトリオ，4重唱をカルテット，5重唱をクインテットという。

鑑賞曲

1 春

p.50 ココが要点

❶ヴィヴァルディ　❷バロック
❸チェンバロ　❹ソネット

p.51 予想問題

1 (1)ヴィヴァルディ　(2)イタリア
(3)バロック　(4)ア，エ(順不同)
(5)A4　B1　C3
(6)リトルネッロ形式

2 (1)協奏曲　(2)ヴァイオリン，ヴィオラ
(3)チェンバロ　(4)通奏低音

3 (1)ソネット　(2)イ
(3)Aイ　Bエ　Cア　Dウ

解説

1 (1)〜(4)アントニオ・ヴィヴァルディ(A.ヴィヴァルディ)はイタリアのベネツィア生まれの作曲家で，バッハやヘンデルと同じ，バロック時代に活躍した。ヴァイオリニストの父から音楽の教育を受け，自身は養育院(慈善院)で子どもたちに音楽を教え，その演奏会のために多くの協奏曲(コンチェルト)を作曲した。協奏曲の父とも呼ばれている。
(5)「四季」は全4曲で，第1曲から順に「春」「夏」「秋」「冬」である。
(6) **ポイント**「リトルネッロ」とは「くり返し」という意味のイタリア語。全員で演奏する「リトルネッロ部」と，独奏または少人数で演奏する「エピソード部」が交互に現れる形式。バロック時代に多く用いられた。全3楽章のうち，第1楽章と第3楽章にリトルネッロ形式が用いられている。

2 (1)協奏曲のことを，コンチェルトともいう。ヴィヴァルディは，数多くの協奏曲を作曲し，協奏曲の父とも呼ばれている。
(2) **ポイント** 弦楽器は，音域の高い方から順にヴァイオリン，ヴィオラ，チェロ，コントラバス。音域の高い楽器ほど小さい。チェロは座って，コントラバスは立って演奏することが多い。
(3)「春」の演奏にはチェンバロがよく用いられる。ピアノと似ているが，小さな爪で弦をはじくことで音が出るしくみ。

3 (1)「四季」の4曲には，いずれもソネットと呼ばれる14行の詩がついている。「春」の第1楽章にはココが要点の通り5箇所にソネットの一部がついているが，第2・3楽章は楽章の冒頭にソネットの一部がついている。「四季」は，ソネットにとても忠実に音楽が作られている。
(2)アは「そよ風が吹き，泉はやさしくささやきながら流れていく」。
(3)ソネットの内容と，それに対応する音楽がどんなものかに注目して鑑賞しよう。

2　魔王－Erlkönig－

p.52　ココが要点

❶シューベルト　❷ゲーテ　❸リート

p.53　予想問題

1 (1)ゲーテ　(2)シューベルト　(3)リート
(4)ドイツ　(5)オーストリア

2 (1)父，子，魔王(順不同)
(2)①×　②○　③○　④×
(3)①語り手　②子　③父　④魔王
(4)イ

3 Aウ　Bア

解説

1 (1)(4)ヨハン・ヴォルフガング・フォン・ゲーテ(J.W.v.ゲーテ)はドイツの文学者。シューベルトの他にもベートーヴェンやモーツァルトなども，ゲーテの詩に曲をつけている。代表作は「若きウェルテルの悩み」「ファウスト」など。
(2)(5)フランツ・ペーター・シューベルト(F.P.シューベルト)はオーストリア生まれの作曲家。父からヴァイオリンの手ほどきを受ける。600曲以上のリートなどを作曲したが，31歳という若さで亡くなった。「魔王」は，彼の18歳のときの作品。ゲーテの詩を読み，あっという間にかきあげたといわれている。

2 (2)①子には魔王の姿が見えているが，父には見えていない。
③始めは優しく，後半は脅すように歌う。
④息絶えてしまったのは父ではなく子。
(3)1人の歌手が4人の登場人物を歌い分けるが，①～④のように歌いかたを区別している。おびえているのは子，それをなだめているのが父。始めは優しいが，だんだんと脅すように歌いかたが変化していくのが魔王。
(4)子の歌う部分の楽譜を見たり実際に鑑賞したりして，確認しよう。

3 冒頭から続く右手の3連符は馬のひづめの音を，左手は暗闇のなか吹きすさぶ風の不気味さを表している。このように，歌い手の楽譜だけではなく，ピアノ伴奏にも情景が表現されている。伴奏にも注目して鑑賞してみよう。

3　箏曲「六段の調」

p.54　ココが要点

❶箏　❷段物　❸八橋検校

p.55　予想問題

1 (1)箏　(2)13本　(3)平調子
(4)八橋検校　(5)角爪

2 A竜尾　B雲角　C柱　D磯
E竜頭

3 (1)斗，為，巾(順不同)
(2)親指，人さし指，中指(順不同)
(3)引き色

4 (1)A奈良　B中国　C段物
(2)やつはしけんぎょう　(3)ア

解説

1 (2)普通は13本だが，17本や20本など，さまざまな種類がある。
(3)平調子は，八橋検校が確立したといわれている。
(4)八橋検校は江戸時代の作曲家で，「六段の調」を作曲したと伝えられている。三味線奏者でもあった。「六段の調」は6つの「段」で構成されていて，初段以外は各段が104拍で統一されている。
(5)流派によって，爪の形や座りかたなど，いろいろな違いがある。

2 **ポイント** 箏の各部は竜の形にたとえて呼ばれているので，竜頭や竜尾など，竜のつく名称が多い。

3 (1)奏者から遠い方から順に，一・二・三・四・五・六・七・八・九・十・斗・為・巾。
(3)奏法には引き色，後押し，押し手など，いろいろなものがある。「六段の調」で使われている奏法や，それによってどのような変化を出すことができるかをまとめておくとよい。

4 (2)読みが難しい言葉が多いので，この曲に関係するその他の言葉(だんもの，しらべ，ひらぢょうし，じょはきゅうなど)も確認しておこう。
(3)序破急は，もともとは雅楽で用いられていた言葉。序破急の特徴の1つに，この曲のような速度の変化がある。

4　フーガ ト短調

p.56 ココが要点

❶J.S.バッハ　❷フーガ
❸パイプオルガン

p.57 予想問題

1 (1)J.S.バッハ　(2)ドイツ　(3)バロック
2 (1)フーガ　(2)応答　(3)テノール
(4)①ア　②ウ　③イ　④エ　(5)ト短調
3 (1)イ　(2)高さ　(3)音色
(4)キリスト教

解説

1 ヨハン・ゼバスティアン・バッハ(J.S.バッハ)はドイツ生まれの作曲家で，ヴィヴァルディやヘンデルと同じ，バロック時代に活躍した。音楽家一族の家系で，幼少期に両親が亡くなったため兄に引き取られ，兄からオルガン(鍵盤楽器)を教わった。兄はパッヘルベルの弟子であった。

宮廷や教会で演奏家として活躍しながら，そこで演奏するための音楽を数多く作曲し，音楽の父とも呼ばれている。

フーガの作品を多く残していて，「幻想曲とフーガ ト短調」と区別するために，この曲を「小フーガ」という愛称で呼ぶこともある。

2 (1)フーガはイタリア語で「逃げる」という意味。
(2)主題→応答→主題→応答，と進む。
(3)(4)曲が進むにつれソプラノ→アルト→テノール→バスと音域が低くなっていくので，楽譜を見て音域の高い方から順に**ア→イ→ウ→エ**とすればよい。
(5)主題がト短調，応答がニ短調。

3 (1) ミス注意 鍵盤を押すとパイプに空気が送り込まれて音が出る。ピアノのように弦を打って音が出るわけではないので，注意。
(2)(3)パイプの長さで音の高さが，パイプの材質や構造，ストップ(ストップレバー)によって音色が変化する。鍵盤の数×音色の数が，パイプオルガンのパイプの数となる。携帯型のものもあれば，5000本以上のパイプをもつものある。日本でも教会やコンサートホールで目にすることができる。

5　交響曲第５番 ハ短調

p.58 ココが要点

❶ベートーヴェン　❷交響曲　❸動機

p.59 予想問題

1 (1)ベートーヴェン　(2)ドイツ　(3)運命
(4)交響曲　(5)オーケストラ〔管弦楽〕
2 (1)動機　(2)4楽章
3 (1)ソナタ形式
(2)A 提示　B 再現　C 展開
(3)イ→エ→ウ→ア
4 (1)名前 ホルン　分類 金管楽器
(2)名前 チェロ　分類 弦楽器
(3)名前 ファゴット　分類 木管楽器
(4)名前 ティンパニ　分類 打楽器

解説

1 (1)(2)ルートヴィヒ・ヴァン・ベートーヴェン(L.v.ベートーヴェン)はドイツ生まれの作曲家。宮廷に仕える音楽家だった父から音楽を学び，オーストリアのウィーンでピアノ奏者として活躍しながら作曲を学んだ。聴力をほとんど失ってしまったが，９曲の交響曲や32曲のピアノ ソナタなど，数多くの作品を残した。ピアノ ソナタの中でも，３大ピアノ ソナタ「悲愴」「月光」「熱情」は特に有名。
(3)ベートーヴェンの交響曲には愛称がついているものが多い。第３番「英雄」，第６番「田園」，第９番「合唱付き」。

第５番「運命」は，ベートーヴェン自身が「このように運命は扉をたたく」と語ったとされることから，「運命」と呼ばれるようになった。
(4)オーケストラ(管弦楽)のための大規模な器楽曲で，４つの楽章からなるものが多く，最初と最後の楽章でソナタ形式がよく用いられるものを，交響曲という。

他の交響曲としては，ハイドン「交響曲第101番ニ長調(時計)」，チャイコフスキー「交響曲第６番ロ短調(悲愴)」など，代表的なものが数多くあるので，鑑賞してみよう。

2 (1)この曲はこの動機に基づいて音楽が作られている。曲のさまざまな箇所に動機が現れ，作品に統一感を与えているので，注意して鑑賞しよう。

(2)全４楽章で，第１楽章と第４楽章がソナタ形式。第３楽章と第４楽章の間は，切れ目なく演奏される。

3 ソナタ形式の曲の中にはコーダがないものもある。ベートーヴェンは，当時の交響曲にあまり見られなかったコーダをつけ加えた。これによって，最後がより盛り上がる。

(1)(2)提示部・展開部・再現部・コーダ(終結部)の名前はよく出題されるので，それぞれがどのような役割をもっているかもあわせて確認しておこう。

4 オーケストラで使われる楽器は，よく出題される。形や音域，弦楽器や木管楽器などの分類とともに確認しておこう。弦楽器は形が似ていて区別しづらいが，チェロは座って，コントラバスは立って演奏することが多い。小さい方から順に，ヴァイオリン，ヴィオラ，チェロ，コントラバス。小さい方が音域が高い。

6　アイーダ

p.60 ココが要点

❶ヴェルディ　❷オペラ　❸エジプト

p.61 予想問題

1 (1)ヴェルディ　(2)イタリア
(3)例「ナブッコ」「リゴレット」(順不同)

2 (1)オーケストラ ピット
(2)①ア　②ウ　③エ　④イ
(3)①ソプラノ　②バリトン

3 (1)エジプト　(2)悲劇
(3)①ウ　②ア　③イ　④エ
(4)①愛し合っている〔恋に落ちている〕
②親子〔娘と父〕

解説

1 (1)(2)ジュゼッペ・ヴェルディ(G.ヴェルディ)はイタリア生まれの作曲家。音楽教育をじゅうぶんには受けられなかったが，音楽学校の校長に見いだされ指導を受けるようになる。12歳で教会のオルガン奏者になり，18歳でミラノに出て作曲を学び，25歳の頃１作目のオペラを作曲。数多くのオペラを作曲した。

(3) **別解** 「椿姫」，「仮面舞踏会」，「運命の力」，「マクベス」，「オテロ」など

2 オペラは歌を中心にして，文学・演劇・美術・舞踊など，さまざまな要素が結びついてできる総合芸術である。

(1)オーケストラはステージの前にあるこの部分で演奏する。

(2)オペラには有名な作品が数多くある。この問題のものはほんの一部なので，他にどんなオペラの作品があるかも調べてみよう。

(3)①女声は高い方から順に，ソプラノ・メッゾ ソプラノ・アルト。

②男声は高い方から順に，テノール・バリトン・バス。

3 「アイーダ」のストーリーを確認しよう。鑑賞したアリアが，どんなシーンで誰がどのように歌われるのかを整理しておくとよい。

(2)互いに愛し合っているアイーダとラダメスは地下牢で再会するも，永遠の愛を誓いながら息絶えてしまう。

(3)(4)主な登場人物の名前と声の種類，登場人物どうしの関係についてまとめておこう。

7　歌舞伎「勧進帳」

p.62 ココが要点

❶歌舞伎　❷長唄　❸唄方　❹三味線方
❺囃子方　❻黒御簾　❼花道

p.63 予想問題

1 (1)江戸時代　(2)出雲のお国
(3)①小鼓　②笛　③三味線　(4)見得

2 (1)花道　(2)せり　(3)廻り舞台
(4)黒御簾

3 (1)長唄
(2)①×　②○　③×　④×
(3)延年の舞　(4)飛び六方〔六法〕

解説

1 (1)歌舞伎が誕生したのは,江戸時代初期である。

(3)歌舞伎で用いられる楽器の形や名称を確認しておこう。

③三味線には棹の太さによって太棹・中棹・細棹と種類があるが，長唄では細棹三味線が用い

られる。
(4)見得や隈取は，歌舞伎でも特徴的なポイントなので，しっかりおさえておこう。

2 舞台のどこで何が行われているか，確認しよう。ココが要点のイラストとともに，おさえておくとよい。
(1)花道という言葉は相撲や「引退の花道を飾る」のような表現でも使われたりする。

3 「勧進帳」の作曲者，四世杵屋六三郎は長唄の三味線方で，作曲者でもあり演奏者でもあった。

歌舞伎「勧進帳」は「歌舞伎十八番」の1つである。「歌舞伎十八番」の中でも，「助六(すけろく)」「暫(しばらく)」などは人気が高く頻繁に上演される。

歌舞伎「勧進帳」は，能「安宅(あたか)」を歌舞伎化したもので，能舞台を模した舞台で上演される。
(1)歌舞伎の音楽には，他にも義太夫節，常磐津節，清元節などさまざまなものがある。
(2)①源頼朝は，源義経の兄。義経は不仲の兄から逃れるために，弁慶たちと平泉へ向かった。
③弁慶は富樫からの質問に答え，にせの勧進帳を朗々と読み上げた。
④富樫は弁慶の主君を思う必死さに心を打たれ，関所の通行を許可した。
(3)(4)延年の舞と飛び六方(六法)は頻出ポイントなので，どのシーンで誰がするどのようなものなのかを覚えておこう。

8　ブルタバ(モルダウ)

p.64 ココが要点

❶スメタナ　❷オーケストラ

p.65 予想問題

1 (1)名前 スメタナ　生まれた国 チェコ
(2)オーストリア(オーストリア=ハンガリー帝国)
(3)例ムソルグスキー　(4)耳

2 (1)我が祖国　(2)交響詩　(3)第2曲
(4)モルダウ

3 (1)楽譜 B　楽器 a
(2)楽譜 A　楽器 d
(3)楽譜 D　楽器 c
(4)楽譜 C　楽器 b

解説

1 (1)(2)(4)ベドルジフ・スメタナ(B.スメタナ)はチェコ生まれの作曲家。プラハでピアノと作曲を学び，指揮者・作曲家・オルガン奏者として活躍。チェコのオーストリア(オーストリア=ハンガリー帝国)からの独立運動に参加し，新しい国民音楽の創作に注力した。チェコ近代音楽創造の父といわれる。晩年は耳に不調をきたし，「ブルタバ」以降は，耳が不自由になった状態で作曲されている。

多くの他の国民楽派の作曲家たちとは異なり，既存の民謡に頼らない作曲をした。
(3) 別解 シベリウス，ドボルザークなど

2 (1)(3)連作交響詩「我が祖国」は全6曲の交響詩で構成されており，ブルタバはその2曲目。
(2)「ブルタバの2つの源流」「聖ヨハネの急流」のような標題からも，「ブルタバ」が祖国の情景を表していることがわかる。交響詩は他にもデュカース「魔法使いの弟子」，ボロディン「中央アジアの草原にて」，リヒャルト・シュトラウス「ティル・オイレンシュピーゲルの愉快(ゆかい)ないたずら」「ツァラトゥストラはかく語りき」レスピーギ「ローマの松」など，数多くある。

3 「ブルタバ」につけられた標題は，スメタナ自身によりつけられたものである。

aはフルート，bはヴァイオリン，cはクラリネット，dはホルン。オーケストラで用いられる楽器は名前と形，音域や音色，弦楽器や木管楽器のような分類について確認しておこう。

9　能「羽衣」

p.66 ココが要点

❶観阿弥，世阿弥　❷地謡　❸囃子

p.67 予想問題

1 (1)室町時代　(2)観阿弥，世阿弥
(3)ワキ　(4)地謡

2 (1)Aオ　Bア　Cイ　Dエ　Eウ　(2)イ

3 Aア　Bイ　Cウ　Dエ

4 (1)天人 シテ　漁師 ワキ　(2)羽衣

解説

1 (1)(2)能は観阿弥，世阿弥親子によって，室町

時代の初め頃に基本的な形が整えられ，江戸時代には幕府の儀式に使われる音楽や舞踊として用いられた。歌舞伎や文楽よりも先に生まれた芸能である。

(3)(4)能は地謡と囃子という演奏者と，シテ(主人公)やワキ(相手役)という演者によって上演される。

2 (1)能の本舞台にある４つの柱には，「目付柱」「ワキ柱」「シテ柱」「笛柱」とそれぞれ異なる名称がある。柱は，面をかけることによって視界が狭くなるシテにとって動作の目印になる必要不可欠なものである。

(2)江戸時代までは舞台のほとんどが野外にあった。その名残として，室内であっても舞台に屋根がついていたり，舞台の周囲に小石が敷き詰められたりしている。

4 この作品は羽衣伝説に基づいている。羽衣伝説は全国各地にあるが，能「羽衣」は三保の松原が舞台になっている。三保の松原は，2013年にユネスコの世界文化遺産に登録されている。

(1)主人公がシテ，相手役がワキである。

10　音楽史

p.68 ココが要点

❶観阿弥, 世阿弥　❷かぶき踊　❸オペラ
❹国民楽派

p.69 予想問題

1 (1)出雲のお国　(2)歌舞伎　(3)八橋検校

2 (1)オ→エ→ア→イ→ウ
(2)ヴィヴァルディ　(3)スメタナ
(4)①名前 ヴェルディ　時代 ロマン派
②名前 ラヴェル　時代 近代・現代
③名前 J.S.バッハ　時代 バロック
④名前 モーツァルト　時代 古典派

解説

1 日本の音楽史では，何時代に誰によってどのような芸能が生まれたのかをおさえておこう。

(3)八橋検校は江戸時代の作曲家。箏曲のもっとも基本的な調弦「平調子」を確立したといわれている。検校とは，目の不自由な音楽家などでつくられた組織の最高位。

2 西洋の音楽史はバロックや古典派など，時代別に大まかに分けられている。各時代にどのような音楽が生まれ，どんな作曲家が活躍したのか，代表作は何か，などをおさえておこう。活躍した時代を意識しながら代表作を鑑賞すると，時代の特色をイメージしやすい。

ソナタ形式の確立は古典派，標題音楽が作曲されるようになったのはロマン派，無調の音楽などが生まれたのは近代・現代，オペラが誕生したのはバロック，グレゴリオ聖歌が生まれたのは中世。その他にも，授業で扱った各時代のポイントをまとめておこう。

器楽

リコーダー

p.70 ココが要点

❶トーン ホール　❷サム ホール
❸チューニング　❹タンギング
❺サミング

p.71 予想問題

1 (1)頭部管，中部管，足部管
(2)①○　②×　③○　④×
(3)①上がる　②上がる　(4)舌
(5)親指

2 (1)４分の２拍子
(2)Aイ　Bア　Cエ　Dウ　Eク　Fカ

解説

1 (2)②肩の力は抜く。

④背筋は伸ばす。

(3)①一般に，楽器は小さくなるほど音域が高くなる(ヴァイオリンとコントラバスの大きさと音域をイメージしよう)。アルト リコーダーのジョイントの部分を差し込むとリコーダー全体の長さが短くなるので，ピッチが上がるのだと考えよう。

2 (1)４分音符を１拍として，１小節に２拍ある拍子。

(2)リコーダーの運指は，よく出題される。実際にリコーダーを吹いてみて，運指を確認しておこう。

6 5 4
D C B A